MARCO POLO

PHUKET

KRABI, KO LANTA, KO PHI PHI

Reisen mit **Insider Tipps**

> Die Vielfalt der Strände ist einfach unschlagbar. Alles da: von Robinson bis Rummel.
> *MARCO POLO Autor Wilfried Hahn*
> *(siehe S. 122)*

W0323123

Weitere MARCO POLO Titel:
Bangkok, Ko Samui/Ko Phangan, Krabi, Thailand

Spezielle News, Lesermeinungen und Angebote zu Phuket:
www.marcopolo.de/phuket

PHUKET

> SYMBOLE

Insider Tipp **MARCO POLO INSIDER-TIPPS**
Von unserem Autor für Sie entdeckt

★ **MARCO POLO HIGHLIGHTS**
Alles, was Sie auf Phuket kennen sollten

SCHÖNE AUSSICHT

WLAN-HOTSPOT

▶▶ **HIER TRIFFT SICH DIE SZENE**

> PREISKATEGORIEN

HOTELS

€€€	über 60 Euro
€€	30–60 Euro
€	bis 30 Euro

Die Preise gelten für zwei Personen im Doppelzimmer bzw. für einen Strandresort-Bungalow

RESTAURANTS

€€€	über 10 Euro
€€	5–10 Euro
€	bis 5 Euro

Die Preise gelten für ein Essen mit zwei Gängen, aber ohne Getränke

> KARTEN

[110 A1]	Seitenzahlen und Koordinaten für den Reiseatlas Phuket
[U A1]	Koordinaten für die Karte Phuket Town im hinteren Umschlag
[0]	außerhalb des Kartenausschnitts

Eine Karte von Karon und Kata finden Sie auf Seite 39, eine Karte von Patong auf Seite 49

Zu Ihrer Orientierung sind auch die Orte mit Koordinaten versehen, die nicht im Reiseatlas eingetragen sind

INHALT

> SZENE

> 24 STUNDEN

> LOW BUDGET

Viel erleben für wenig Geld! Wo Sie zu kleinen Preisen etwas Besonderes genießen und tolle Schnäppchen machen können:

> GUT ZU WISSEN

AUF DEM TITEL

ENTDECKEN SIE PHUKET!

Unsere Top 15 führen Sie an die traumhaftesten Orte und zu den spannendsten Sehenswürdigkeiten

Die Highlights sind in der Karte auf dem hinteren Umschlag eingetragen

1 Vegetarier-Festival
Nichts für schwache Nerven: Beim Vegetarier-Festival in Phuket Town besiegen Chinesen den Schmerz (Seite 23)

2 FantaSea
Entdecken Sie ein mythisches Königreich! Thailändische Version einer Las-Vegas-Show am Kamala Beach. Spektakulär und gigantisch (Seite 36)

3 Viewpoint
Vom Kata-Viewpoint haben Sie einen atmberaubenden Ausblick auf weiße Sandstrände tief unter Ihnen (Seite 40)

4 Trisara
In Phukets bestem Resort hat jede Villa einen Pool (Seite 42)

5 Simon Cabaret
Wo die Herren Damen ihre große Show abziehen (Seite 51)

6 Big Buddha
Über der Chalong-Bucht schaut ein 45 Meter hoher Buddha gen Osten – und auch Sie haben eine tolle Aussicht (Seite 55)

7 Wat Chalong
Buddhas größter Tempel auf Phuket ist auch dann einen Besuch wert, wenn dort nicht Neujahr gefeiert wird (Seite 56)

8 Phuket Aquarium
Trocken unter Wasser: Ein Glastunnel im Aquarium am Laem Phan Wa macht's möglich (Seite 58)

> DIE BESTEN MARCO POLO HIGHLIGHTS

9 Nai Harn Beach
Auch wenn Sie keine Yacht besitzen, in der Bucht von Nai Harn sollten Sie mal vor Anker gehen (Seite 58)

10 Zentrum
Die Altstadt von Phuket Town bezaubert mit ihren hübschen Villen im sinoportugiesischen Stil (Seite 62)

11 Phang Nga Bay
Das Meer der Berge, die Bucht von Phang Nga, hat mit bizarren Felsgebirgen und Tropfsteinhöhlen schon James Bond begeistert (Seite 70)

12 Ko Phi Phi
Eine der schönsten Inseln der Welt. Und ein Paradies für Taucher und Schnorchler (Seite 76)

13 Ko Raya Yai
Weit draußen im Meer: eine Insel mit viel Dschungel und Luxus an einem blütenweißen Strand (Seite 79)

14 Phra Nang Beach
Der Phra Nang Beach in der Provinz Krabi ist mit seinen bizarren Felsformationen und dem feinen Puderzuckersand wohl der allerschönste Strand im Land (Seite 81)

15 Khao Sok National Park
Auf Wanderpfaden und einem Urwaldflüsschen unterwegs: So wird der üppig grüne Dschungel im Nationalpark zum reinsten Paradies (Seite 87)

WAS FÜR EINE INSEL!

Ko Raya Yai

AUFTAKT

Traumhafte Strände, Bambushütten und Luxusresorts, Dschungel und schrilles Nachtleben, Ruhe und Rummel und überall lachende Gesichter – kein Wunder, dass Phuket als Urlaubsziel so beliebt ist. Die ganze Welt ist hier zu Gast: Superreiche wie Bill Gates und Menschen wie du und ich spannen auf Phuket aus, feiern und lernen von den Thais, wie man die Leichtigkeit des Seins lebt. Kurzum, auf dieser wahrhaft kosmopolitischen Insel tauchen Sie ein in eine andere Welt. Das ist auch wortwörtlich gemeint: In den Tauchrevieren um Phuket können Sie die „glücklichen Tropen" hautnah unter Wasser erleben.

> Die orangefarbenen Roben der Mönche glühen im Licht der Morgensonne. In filigranen Tempeln knien Gläubige vor goldglänzenden Buddhastatuen. In ihren gefalteten Händen halten sie Lotosblüten. Fischer binden bunte Tücher an den Bug ihrer Boote, und Taxifahrer hängen duftende Kränze aus Jasmin und Orchideen an die Rückspiegel ihrer knatternden Tuk Tuk, der vierrädrigen Minitaxis. All das soll zu Wasser wie zu Land Glück bringen und Unheil abwenden.

In schnurgeraden Reihen stehen Gummibäume in weiten Plantagen, Kokospalmen werfen gefiederte Schatten auf schneeweiße und goldgelbe Strände. In den kleinen Buchten wachsen Korallen bis fast ans feinsandige Ufer. Das Meer zieht sich wie ein kornblumenblauer Teppich bis zum Horizont. Wenn Sie eintauchen, schwimmen Sie wie in einem riesigen Aquarium. Fische, so bunt wie Konfetti, lassen sich fast mit der Hand streicheln. Die ganze Farbenpracht der Tropen! Über und unter Wasser bereitet sie auf dieser Insel ein Fest fürs Auge.

> *Traumstrände für jeden Geschmack*

Phuket ist Thailands größte Insel: 48 km lang, 22 km breit. Aber mit ihren 543 km² Gesamtfläche (zum Vergleich: Die Insel Rügen misst 926 km², der Stadtstaat Singapur 640 km²) ist sie auch die zweitkleinste von den 76 Provinzen des Königreichs. Wirtschaftlich hingegen liegt das wichtigste Urlaubsziel des Landes weit vorn. Nur in der 860 km entfernten Hauptstadt und Industriemetropole Bangkok verdienen die Menschen mehr als auf Phuket. Viele der 340 000 Einwohner haben es, für thailändische Verhältnisse, zu beträchtlichem Wohlstand gebracht. Sie wohnen kaum noch in hölzernen Pfahlbauten, sondern in gemauerten Häusern. Zur Arbeit fahren sie mit

Von verspielter Leichtigkeit: liegender Buddha im Tempel Wat Sirey nahe Phuket Town

dem Motorrad oder gar mit dem eigenen Auto.

Aber nicht erst der internationale Tourismus hat auf Phuket den Bauboom angelöst und Motorradlawinen losgetreten. In Thailand galt die Insel der Zinnschürfer, Fischer und Kautschukpflanzer schon als reich, noch bevor in den 1970er-Jahren die ersten Rucksackreisenden aus dem fernen Europa an einsamen Stränden in Palmlaubhütten zogen.

> *Insel mit multikultureller Gesellschaft*

Im Jahr 1903 wurden die ersten Gummibäume auf Phuket gepflanzt, doch früher schon hatte ein anderes, millionenschweres Geschäft das Gesicht der Insel verändert: der Abbau von Zinn. Die beginnende Industrialisierung im fernen Europa ließ im 19. Jh. den Bedarf nach Zinn sprunghaft ansteigen. So strömten Tausende chinesische Kulis aus Malaysia nach Phuket, um in den Minen zu schuften. Heute ist rund ein Viertel der Einwohner Phukets chinesischer Abstammung. Noch 1977 verdiente die Insel mit Zinn doppelt so viel wie mit dem Tourismus. Erst mit dem Zinnpreisverfall in den 1980er-Jahren kam der Abbau zum Erliegen.

Auch die Vorfahren der moslemischen Fischer sind einst als Tagelöhner aus Malaysia eingewandert. Zusammen mit den Chinesen und den ethnischen Thais, die ihrerseits um die Jahrtausendwende aus Südchina ins heutige Thailand einwanderten, sind sie stolze *Khon Phuket*, Phuket-Bürger, die in Frieden miteinander auskommen. Nur eine kleine Gruppe fristet nach wie vor ein Dasein am Rande: die *Chao Leh* (wörtlich: Meeresvolk, auch Seezigeuner genannt). Sie zählen zu den ersten Menschen, die sich an Phukets Gestaden niedergelassen haben, aber über ihre Herkunft rätseln Ethnologen bis heute.

Die Geschichte einer multikulturellen Gesellschaft zeigt sich auch in den Stätten des Glaubens. Die moslemischen Thais beugen sich in weiß getünchten Moscheen gen Mekka. Die buddhistischen Thais falten ihre Hände in den *wat*, farbenfrohen Tempeln von nahezu verspielter Leichtigkeit. Nicht minder bunt und dazu noch mit Drachenköpfen geschmückt sind die chinesischen Tempel *(sanjao)*, unter deren roten Dächern sowohl Buddhismus wie Taoismus zu Hause sind.

WAS WAR WANN?

Geschichtstabelle

1518 Portugiesen gründen die erste Zinnhandelsstation auf Phuket
1681 König Narai ernennt den französischen Missionar René Charbonneau zum Gouverneur von Phuket
1785 Burmesische Invasoren belagern die damalige Hauptstadt Thalang. Thai-Frauen verkleiden sich als Soldaten, die Burmesen glauben an eine Übermacht und ziehen wieder ab
1809–1812 Burmesische Truppen landen noch dreimal auf Phuket, brennen Thalang nieder und richten ein Blutbad an
1897 Eröffnung der ersten Schule
1903 Die ersten Gummibaumsetzlinge werden gepflanzt
1906 Erste schwimmende Zinnschürfplattform vor Phuket
1950 Erste Brücke zum Festland
1976 Eröffnung des internationalen Flughafens
1980–1990 Bauboom am Patong Beach
2001 Am Mai Khao Beach, dem letzten bis dato noch unbebauten Strand, eröffnet das Resort JW Marriott
2004 Der Tsunami tötet in Südthailand 5395 Menschen, darunter 2436 ausländische Urlauber. 2817 Menschen gelten noch immer als vermisst
2007 Die Zahl der Phuket-Touristen klettert erstmals über die 5-Mio.-Grenze
2010 Während in Bangkok Soldaten auf Regierungsgegner schießen, bleibt auf Phuket die Lage völlig ruhig. Geldregen für Phukets Infrastruktur: Die Regierung spendiert 340 Mio. Euro für Straßen, Flughafenerweiterung und Messezentrum.

An den einstigen Reichtum der Zinn- und Gummibarone erinnern in Phuket Town noch einige prächtige Anwesen im sinoportugiesischen Baustil mit kunstvoll gestalteten Balustraden und Säulen, Stuckfassaden und Rundbogenfenstern. Mit seinen 70000 Einwohnern ist Phuket Town das administrative wie historische Zentrum der Insel. Aber so manche Touristen schaffen es selbst in ein paar Wochen Urlaub nicht bis in die Metropole – weil sie einfach nicht loskommen von den Stränden.

Auch auf anderen Inseln in Südostasien können sich Beach-Urlauber in den warmen Sand legen, aber nirgendwo sonst finden sie gleich anderthalb Dutzend Strände dieser Güte wie auf Phuket. Dabei mag der Traumstrand des einen der Albtraum des anderen sein. Aber das macht auch den Reiz von Phukets Stränden aus: Sie bieten Remmidemmi genauso wie Ruhe. Wer mag, kann sich zum Beispiel am Patong Beach unter einen Wald von Sonnenschirmen in die Menge legen und sich nachts in 1001 Bars von Diskomusik volldröhnen lassen. Sie können aber auch, etwa am Südende vom Bang Tao Beach, den Fischern dabei zuschauen, wie sie fangfrischen Fisch aus ihren kleinen Booten wuchten. Die Musik zur Nacht wird hier noch von den Zikaden gespielt, und das Nightlife beschränkt sich weitgehend auf die Betrachtung des Sternenhimmels.

Phuket ist eine der schönsten Perlen unter den Urlaubszielen in Südostasien. Die Spuren des Tsunami von 2004 sind längst beseitigt. Das gilt auch für die anderen Urlaubsziele in Südthailand, wo die laue Andamansee an weitere spektakuläre Strände schwappt. Fährboote pflügen in anderthalb Stunden durchs Meer zu den beiden Inseln von Phi Phi. Die zwei Schwestern sind Winzlinge – und dramatisch schöne Schöpfungen der Natur. Senkrecht und hoch wie Wolkenkratzer erheben sich Kalksteinmassive über weiße Sandstrände und spiegeln sich im klaren Wasser.

> *Paradiesische Ruhe auf Phukets Nachbarinseln*

Wenn Sie noch mal anderthalb Stunden Kurs Südost weiter schippern, kommen Sie zur Insel Lanta. Die ist zwar auch kein exklusives Refugium mehr für Rucksacktouristen, aber Sie finden immer noch genügend ruhige Plätze zum Entspannen.

Lebhafter geht es an den Stränden von Krabi auf dem Festland zu. Auch hier hat die Natur Wunder vollbracht. Gewaltige Kalksteinmassive schieben sich als Landzungen ins Meer und schirmen diese Paradiese vom Rest der Welt ab. Felswände, an denen sich Freikletterer hochhangeln und Affen turnen, wölben sich über Strände, die das Auge blenden. Von Stalaktiten fallen Wassertropfen auf den Sand, den man wie Puderzucker wegpusten kann. Viele glauben, dass man die Paradiese unbedingt gesehen haben muss. Und damit haben sie recht.

Beachvolleyball auf Ko Phi Phi: Da wirft man sich gern in den puderzuckerfeinen Sand

WAS IST ANGESAGT?

Trends, Entdeckungen und Hotspots!
Unser Szene-Scout zeigt Ihnen, was auf Phuket los ist

Hans Csik

Als unser Szene-Scout zum ersten Mal nach Phuket kam, grasten hinter den Stränden noch die Wasserbüffel. Das war vor 30 Jahren. Viel hat sich seitdem verändert, aber für den Restaurator ist Phuket sein Lieblingsziel geblieben. Jeden Winter ist er vor Ort, schwimmt, segelt, schaut sich um. Inzwischen kennt er jede Ecke und entdeckt auf seinen Streifzügen doch immer wieder Neues.

SURFER'S PARADISE

Tanz auf den Wellen

Phuket ist nicht Hawaii, aber es ist Thailands Surfparadies. Von April bis Oktober sorgt der Monsunwind für mächtige Wellen, auf denen Adrenalinjunkies auf ihren Boards Achterbahn fahren. Die Cracks zieht es zum Kata Beach, wo bis zu drei Meter hohe Wasserwände anrollen. Wie die Wellen geritten werden, demonstriert Surfprofi Tony vom Surf Shop *Nautilus* *(www.surfinphuket.com)*. Danach feiert die Szene in der urigen *Ska Bar* bei Reggaesound. Action und Fun sind auch bei *Phuketsurf* angesagt: erst aufs Board, dann zur Party an die Beachbar *The Tube*. Wer kein eigenes Brett hat, Phuketsurf verleiht sie *(www.phuketsurf.com)*! Da noch kein Meister vom Himmel gefallen ist, lernt man bei *Phuket Surf School* die Tricks am Surin Beach *(www.saltwater-dreaming.com)*.

SZENE

AUS LIEBE ZU TIEREN

Hotels retten Seeschildkröten

Meeresschildkröten sind vom Aussterben bedroht. Zwei Hotels tun was dagegen. Am Mai Khao Beach hat das *JW Marriott Phuket Resort* (www.jwmarriottphuket.com) die *Turtle Foundation* (Foto) gegründet. Die Stiftung informiert im Shoppingkomplex *Turtle Village* über die faszinierenden Tiere. Die Einheimischen machen mit beim Schutzprogramm. Sie schlagen die Eier nicht mehr in die Pfanne, sondern schieben Wache vor den Nestern im Sand. Oder sie buddeln die Eier aus und bringen sie zur Aufzuchtstation des Meeresbiologischen Instituts im *Phuket Aquarium*. Zu Königs Geburstag dürfen die Mini-Panzer zurück ins Meer. Auch das *Resort Aleenta* (www.aleenta.com) am nahen Festlandstrand von Natai in der Nachbarprovinz Phang Nga hat ein Herz für Schildkröten. Die Edelherberge schult Einheimische als Schildkrötenwächter. Pro Hotelgast fließen 40 Baht in die *Aleenta Marine Turtle Foundation*. Das freut auch die Aufzuchtstation in Phang Nga.

ROCK & JAZZ

Livemusik auf kleinen Bühnen

Ob einheimischer Sound, westlicher Rock oder japanische Popmusik – Hauptsache live! Das *Ratri Jazztaurant* präsentiert jeden Abend ganz besondere Livesessions: Die restauranteigene Band interpretiert Hits von *Benny Goodman* bis *Coldplay* in jazzigem Gewand, dazu gibt es exzellentes Essen und den tollsten Blick auf Kata Beach *(Kata Hill, www.ratrijazztaurant.com)*. Move your hips heißt es im *Jammin Music Club*: Von Rock bis Reggae spielen hier Live-Acts von überallher *(78/28 Bangkok Rd., Phuket Town)*. Mega angesagt in Sachen Thai-Music: die Beats des *Loog Thung*, auch *Thai Country* genannt.

FEST DER RINGE

Hochzeit am Beach

Romantischer geht es kaum. Auf Phuket schweben Hochzeitspaare tatsächlich im siebten Himmel. Wer schon immer auf einem Elefanten zur Trauung reiten wollte, ist beim Hochzeitsspezialisten *Thailand weddings* richtig. Dieser organisiert neben buddhistischen, christlichen und islamischen Zeremonien eben auch den Ritt zum Altar *(www.thailand-wedding.com)*. In einem Boot werden Sie von *Laguna Phuket Weddings* über eine Lagune zur schneeweißen Hochzeitskapelle geschippert *(www.lagunaphuketweddings.com)*. Traditioneller fällt das Ringetauschen im *Andaman White Beach Resort* aus. Hier stehen Thai-Tänzerinnen in klassischen Kostümen als grazile Glücksbotinnen zur Seite. Frischvermählte pflanzen ein Bäumchen für ihre ewige Liebe *(www.andamanwhitebeach.com*, Foto*)*.

WELLNESSOASEN

Natürliche Entspannung

Relaxen im Einklang mit der Natur. Schon von außen wirken die Spas wie aus der Natur gewachsen: Schilfdächer und viel Holz zeichnen die traditionelle Bauweise nach, Gärten und Pools harmonieren perfekt mit der Landschaft. Die Wellnessanwendungen stehen dem in nichts nach! Im *Karona Resort & Spa* werden Anwendungen mit frischen Kräutern, Meersalz und exotischen Früchten angeboten *(6 Soi Karon Soi 2, Karon Beach, www.karonaresort.com*, Foto*)*. Auf Wasserheilkunde und Kräuterdämpfe hat sich das *SabanNga Spa (78/457 Club Phuket Villa 5, Chaofa Rd., Vichit, www.phuketdir.com/sabanngaspa)* spezialisiert. Wer in das Blütenbad des *Body & Mind Day Spas* sinkt, vergisst die Außenwelt *(12 Patak Rd., Karon Beach, www.body-mindspa.com)*.

WELCOME TO THE JUNGLE

Nightlife mit Motto

Am Patong Beach stehen die Diskos dicht an dicht, die Konkurrenz ist groß. Hervor stechen Locations, die ihr Interieur unter ein bestimmtes Motto stellen. Wie die *Safari Disco & Fun Pub*, hier ist alles unter dem Thema Dschungel eingerichtet *(28 Sirirat Rd.)*. Ganz den gestreiften Raubkatzen hat sich die *Tiger Disco* verschrieben. Die Bedienungen im Tiger-Outfit sind zwar nicht bissig, sorgen aber für wilde Nächte im Club, der wie eine tropische Höhle mit echtem Wasserfall gestaltet ist *(49 Bangla Rd., www.phuketdir.com/tigerdisco)*.

ESSBARE KUNSTWERKE

Dekoration für den Teller

Schwäne aus Karotten, Orchideen aus Gurken – das Auge isst schließlich mit. Essbare Tischdeko liegt im Trend, und in speziellen Koch- und Foodstylingkursen können Sie die Kunst des Gemüseschnitzens lernen. Im *Kangsadaan* bekommen Sie Privatunterricht vom Chefkoch persönlich und eine Führung über tropische Märkte *(Land & House Park, 79/201 Chaiyapruerk, Chalong, www.kangsadaan.com)*. Die dreistündigen Fruitstyling-Kurse in *Pat's Home* sind oft im Voraus ausgebucht. Reservieren *(28/4 Chaofa Rd., Phuket Town, www.phuket.com/thai-cooking)*! In der *Phuket Thai Cookery School* verwandeln Sie Gemüse in Kunstwerke *(39/4 Thepatan Rd., Phuket Town, www.phuketthaicookery.com)*.

FRAUEN VOR

Thai-Boxen

Thai-Boxen war bislang nur Männern vorbehalten. Doch der Sport emanzipiert sich: Nun lernen auch Frauen die Kampftechnik. Das Training in einer Thaibox-Schule lohnt sich: Könner(innen) werden in Thailand hoch verehrt! Im *Phuket Muay Thai Camp and Gym* sind Anfänger und vor allem Frauen an der richtigen Adresse: Ehemalige Profiboxer richten sich im Trainingsplan nach den Wünschen ihrer Schüler(innen) *(82/5 Patak Rd., Kata Beach, www.phuket-muay-thai.com)*. Das *Muay Thai Training* in Rawai wird von einer Thaiboxmeisterin mitbetrieben *(91 Viset Rd., www.thailandmuaythai.com, Foto)*.

> VON GEISTERN UND GUMMIBÄUMEN

Warum man auf Phuket auch den unsichtbaren Nachbarn Blumen schenkt und die Kautschukzapfer Stirnlampen tragen

AFFEN & CO.

Nur noch sieben Prozent der Fläche Phukets sind von Dschungel bedeckt. Das größte zusammenhängende Waldgebiet ist der *Kao Phra Thaeo Wildlife Park* im Nordosten der Insel. Durch das 22 km^2 große Schutzgebiet streifen Stachelschweine, Wildschweine und Zwergrehe, die Besucher bekommen sie allerdings fast nie zu Gesicht. Durchs Geäst hangeln ebenfalls sehr scheue Gibbons und Makaken, überm Dschungel kreist hin und wieder ein Nashornvogel. Kobras und Pythons schlängeln sich auch außerhalb des Schutzgebietes durchs Unterholz, aber da sie den Menschen als ihren schlimmsten Feind normalerweise meiden, sehen die meisten Urlauber diese Reptilien nur in der Schlangenfarm in Chalong. Frei lebenden Tigern, Leoparden oder Elefanten wurde auf Phuket schon

Bild: Makak im Phang-Nga-Park

STICH WORTE

längst der Garaus gemacht. Immer seltener werden Meeresschildkröten, aber noch buddeln alljährlich im Dezember und Januar einige dieser urzeitlichen Tiere an den Stränden von Nai Yang und Mai Khao große Löcher in den Sand, um darin ihre pingpongballgroßen Eier abzulegen. Artenreicher ist die Fauna unter Wasser. Die Gewässer um Phuket sind exzellente Tauchgründe, in denen man vom Korallenfisch bis zum Walhai eine faszinierende Unterwasserwelt entdecken kann.

Die Flora auf Phuket hat wie die Tierwelt durch extensive landwirtschaftliche Nutzung und den Zinnabbau stark gelitten. Kokospalmen, langnadelige Kasuarinabäume und die in schnurgeraden Parallelreihen gepflanzten Gummibäume sind über die ganze Insel verteilt. Eine Rarität ist die Palmenart *Lahng Khoa* mit ihren schwarz geäderten und an der

Unterseite weißlichen Blattfächern. Sie wurde bislang nur im *Kao-Phra-Thaeo-Schutzgebiet* und im *Khao Sok National Park* auf dem südthailändischen Festland entdeckt. Das artenreiche Ökosystem der Mangrovensümpfe können Besucher trockenen Fußes betrachten: von Plankenwegen auf Stelzen im *Sirinat National Park* im Nordwesten der Insel.

Bunter Minitempel: Den Geistern werden hier Opfergaben gebracht

FALANG

Wenn Thais von *falang* sprechen (manchmal auch *farang* geschrieben, weil das r wie ein l ausgesprochen wird), meinen sie damit alle Ausländer mit weißer Haut. Vermutlich handelt es sich dabei um eine Verballhornung des englischen Wortes *foreigner* (Fremder).

GEISTERHÄUSER

Sie sehen aus wie Miniaturtempel und stehen auf Podesten vor Wohnhäusern ebenso wie vor Geschäften, Hotels und Banken. Eigentlich überall. Denn auch Geister können überall lauern. Und ihnen sollen die bunten Minitempel eine Heimstatt bieten. Der Glaube an Geister *(phii)* ist bei den Thais tief verwurzelt und älter als der Buddhismus. Mit täglichen Opfergaben wie Blumen, einem Schälchen Reis oder einem Glas Wasser sollen die unsichtbaren Nachbarn milde gestimmt und vom Umherirren abgehalten werden.

GLÜCKSSCHNUR

Viele Thais – und manchmal auch Ausländer – tragen ums Handgelenk eine dünne Schnur, die mehr oder weniger weiß ist. Das *sai sin* ist kein Zier- oder Freundschaftsbändchen. Es soll dem Träger oder der Trägerin Glück bringen bzw. Unglück abwenden. Oft wurde es sogar von einem Mönch gesegnet, aber mit Buddhismus hat das Tragen solcher Bändchen nichts zu tun. Die Schnürchen werden zum Beispiel den Gästen einer Hochzeit umgebunden oder einem Familienangehörigen, bevor er eine Reise tut. Wer so mit guten Wünschen bedacht wurde, nimmt das Band nie mehr ab, sondern trägt es, bis es von selbst abfällt.

GUMMIBÄUME

Die ursprünglich aus Brasilien stammenden Gummibäume wachsen heute in akkurat ausgerichteten Reihen überall in Südthailand. Ein Engländer hatte im 19. Jh. Gummibaumsamen aus Brasilien geschmuggelt und nach Singapur gebracht. Der Gouverneur im südthailändischen Trang war es, der 1901 Gummibaumsetzlinge in siamesischen Boden pflanzen ließ. Von dort aus breiteten sich die Plantagen rasch aus. 1903 begann der Kautschukboom auf Phuket. Heute ist Thailand der größte Produzent der Welt. Die Kautschukgewinnung ist sehr arbeitsintensiv. Lange vor Sonnenaufgang ritzen die Zapfer im Schein ihrer Stirnlampen die Rinde mit einem sichelförmigen Messer an. Über eine kleine Ablaufrinne tropft das weiße Harz in eine an den Baum gebundene, halbierte Kokosnussschale. Nach einigen Stunden kann der Rohkautschuk eingesammelt werden. In einer Art Wäschemangel wird er nach einer Säurebehandlung zu Matten gepresst. Diese werden einige Tage lang zum Trocknen über Stangen gehängt, bevor sie schließlich in Fabriken im In- und Ausland zu Reifen und Kondomen, Badeschlappen und Radiergummis verarbeitet werden.

LONGTAIL

Ein *Langschwanz* ist nicht etwa eine Affenart, sondern ein offenes Motorboot, das typisch ist für die Küstengewässer in Südthailand. Die Holzboote mit dem hochgezogenen Bug haben ihren Namen (auf Thai: *hang yao)* von den speziellen Außenbordmotoren. Die Schiffsschraube steckt nämlich in einem etwa 1,5 m langen Schaft und senkt sich gleichsam wie die Quaste an einem langen Schwanz hinterm Heck ins Wasser. In den Longtails fuhren früher nur Fischer aufs Meer hinaus, heute transportieren die dröhnenden Wellenreiter immer mehr Touristen die Küste entlang oder auf vorgelagerte Inseln. Am besten Ohrstöpsel mitnehmen!

MEERESVOLK

Die sogenannten Seezigeuner *(sea gypsies)* bezeichnen sich selbst als *Chao Leh*, Meeresvolk. Früher als Piraten gefürchtet, leben heute nur noch einige Tausend auf Phuket und ein paar anderen Inseln in der Andamansee. Die klein gewachsenen Menschen haben eine fast schwarze Haut und krauses Haar. Ihre Herkunft ist

Gummimatten auf der Leine: Kautschuk muss mehrere Tage trocknen

unklar. Eine Theorie besagt, dass sie von den Negritos auf den zu Indien gehörenden Inseln der Andamanen und Nikobaren abstammen. Auch wenn der Begriff Seezigeuner alle drei ethnischen Gruppen (Moken, Moklen, Urak Lawoi) umfasst, so sind doch nur die wenige Hundert Köpfe zählenden Moken wirkliche Seenomaden, die von dem leben, was sie aus dem Meer holen: Perlen, Korallen, Muscheln, Fische. Die beiden anderen Volksgruppen sind Fischer und Sammler geblieben, aber mittlerweile sesshaft geworden. Angehörige der Urak Lawoi wohnen in zwei armseligen Dörfern auf Ko Sirey und am Strand von Rawai. Wer den Menschen etwas zukommen lassen will, kann ihnen Fisch abkaufen – aber keine Korallen, denn der Handel damit ist verboten.

MONARCHIE

Seit dem Staatsstreich von 1932 ist Thailand eine parlamentarische Demokratie, aber das Königshaus und insbesondere König Bhumibol Adulyadej, Rama IX., genießen höchstes Ansehen. Der König hält sich aus der Tagespolitik heraus, aber niemand kann Politik gegen den König machen. Sein Wunsch wird als Befehl verstanden.

PROSTITUTION

Die Zahl der Prostituierten liegt in Thailand nach Schätzungen zwischen 200000 und 800000. Prostituierte riskieren für das öffentliche Anbieten ihrer Dienste maximal eine Strafe von 1000 Baht. Freier, die sich mit Minderjährigen (unter 18) einlassen, müssen mit bis zu 20 Jahren Gefängnis rechnen. Seit einigen Jahren geht die Polizei verstärkt gegen Kinderprostitution vor. Täter werden auch durch deutsche Gerichte verurteilt. Viele Minderjährige stammen aus Burma, Laos und Südchina und wurden mit dem Versprechen auf einen Job aus ihrer Heimat gelockt.

RELIGION

Knapp drei Viertel der Phuket-Insulaner sind Buddhisten (landesweit 95 Prozent), ein Viertel Moslems. Verschleierte Frauen sieht man aber höchst selten. Im Zusammenleben der Religionen gibt es keine Probleme. Viele junge buddhistische Männer gehen für ein paar Wochen als Mönche auf Zeit ins Kloster.

SPITZNAMEN

Sie stellen sich als *Süa* (Tiger), *Yung* (Moskito), *Mu* (Schwein) oder *Dau* (Schildkröte) vor. Thais tragen ihre Spitznamen von der Wiege bis zur Bahre. Die inoffiziellen Zweitnamen werden schon den Säuglingen von ihren Eltern verliehen. Meist wählen sie den Begriff, der ihnen beim Anblick des Babys als Erstes in den Sinn kommt – oft Tiernamen.

TABUS

Die Thais sind sehr darauf bedacht, dass sie ihr Gesicht nicht verlieren. Und sie erwarten auch von Touristen, dass diese sie nicht in eine peinliche Situation bringen. Jemanden öffentlich zu kritisieren ist tabu. Auch sollten Sie unter keinen Umständen mit harschen oder gar lauten Worten ihrem Ärger Luft machen. Damit bringen Sie Ihr Gegenüber in Verlegenheit und zeigen, dass Sie die Selbstbeherrschung verlieren. Und das ist für Thais eine sehr schlechte Charaktereigenschaft. Hüten sollten Sie sich auch vor Kritik am Königshaus. Betreten Sie Tempel (gilt nicht für chinesische) und Moscheen nie mit Schuhen. Frauen dürfen Mönche nicht berühren, sich nicht einmal im Bus neben sie setzen. Thais mögen es überhaupt nicht, wenn sie von Fremden am Kopf berührt werden, auch nicht, wenn es freundschaftlich gemeint ist.

Anzünden von Räucherstäbchen: Opferrituale gehören zum religiösen Alltag der Thais

WAI

Thais begrüßen sich nicht per Handschlag, sondern mit einem *wai*. Dabei werden die Hände vor der Brust gefaltet, mit den Fingerspitzen nach oben. Das hört sich einfacher an, als es ist, denn ein *wai* ist nicht nur Begrüßungsgeste. Man kann so auch Dank sagen, um Verzeihung bitten, jemandem Respekt erweisen. Dabei ist wichtig, wie hoch die Hände gehalten werden und wer seinen *wai* zuerst macht. Jemand von niedrigerem sozialem Stand grüßt zuerst den Ranghöheren, ein jüngerer Mensch zuerst den älteren. Die höchsten *wai* mit den Fingerspitzen über dem tief geneigten Kopf sind der Königsfamilie und Mönchen vorbehalten. Kein Thai verübelt es Touristen, wenn dessen *wai* nicht ganz korrekt ausfällt. Sie sollten aber mit der Geste sparsam umgehen und zum Beispiel nicht das Hotelpersonal damit konfrontieren. Ein leichtes Kopfnicken als Erwiderung auf einen *wai* genügt. Wenn Sie den *wai* eines Bettlers erwidern, machen Sie sich lächerlich.

BLÜTEN FÜR DIE WASSERGÖTTIN

Wenn Thais feiern, sind Religiosität und die Freude am Leben kein Widerspruch

> Zwar ist Phuket nicht die Festhauptstadt des Landes, aber man kann auch hier bei vielen Gelegenheiten miterleben, mit welchem Spaß die Thais feiern. Einige Feiern werden jedes Jahr neu datiert. Erkundigen Sie sich am besten im Touristenbüro nach den aktuellen Zeiten.

FEIERTAGE

1. Jan. *Neujahrstag;* **Vollmond im Februar** *Makha Pucha* Gedenken an Buddhas Predigt vor 1250 Gläubigen; **6. April** *Chakri-Tag* Gründung der Chakri-Dynastie im Jahr 1782; **13.–15. April** *Songkran* thailändisches Neujahrsfest; **1. Mai** *Tag der Arbeit*; **5. Mai** *Krönungstag* von König Bhumibol Adulyadej (Rama IX.); **Vollmond im Mai** *Visakha Pucha* Gedenken an Buddhas Geburt, Erleuchtung und Tod; **Vollmond im Juli** *Asaha Pucha* Gedenken an Buddhas erste Predigt. Einen Tag später *Khaopansa* Beginn der buddhistischen Fastenzeit; **12. Aug.** *Geburtstag von Königin Sirikit,* Frau Ramas IX.; **23. Okt.** *Chulalongkorn-Tag* Todestag von König Chulalongkorn; **5. Dez.** *Geburtstag von König Bhumibol;* **10. Dez.** *Tag der Verfassung*; 31. Dez. *Silvester*

FESTE UND VERANSTALTUNGEN

Januar/Februar

Chinesisches Neujahrsfest Einwöchiges *Tempelfest* im Wat Chalong an der Umgehungsstraße 4022 zwischen Phuket Town und Rawai Beach. Jahrmarkt, Misswahl, Feuerwerk

Inside Tipp

Februar/März

Gay Festival Schwulenparade am Patong Beach. Genauer Termin unter *www.gaypatong.com*

April

Songkran Kein Fest wird so ausgelassen gefeiert wie das thailändische Neujahrsfest. Es werden regelrechte Wasserschlachten veranstaltet. Am Strand von Nai Yang werden Meeresschildkröten aus der Aufzuchtstation am Laem Phan Wa freigelassen.

Aktuelle Events weltweit auf www.marcopolo.de/events

> EVENTS FESTE & MEHR

Phuket Bike Week Motorradfahrer touren über die Insel. Party und Events am Patong Beach. Termin unter *www.phuketbikeweek.com*

Mai

Seafood Festival Umzug, Kulturshows und leckere Fisch- und Meeresfrüchtegerichte. Wechselnder Termin.

Mai/Juni und Oktober/November

Insider Tipp *Loi Rüa* Fest der *Chao Leh* (Seezigeuner) am Rawai Beach zu Beginn und Ende der Monsunzeit. Auf Bambusflößen soll alles Unglück – in Form von nachgebauten Waffen und abgeschnittenen Haaren – aufs Meer hinaustreiben.

August/September

Phuket Marathon Auch Halbmarathon, Walking (5 km) und Kinderlauf (2 km). *www.phuketmarathon.com*

Oktober

★ *Vegetarier-Festival* Zu Ehren von neun Gottkönigen, die der Legende nach in China 45 600 Jahre lang regierten. Thai-Chinesen leben neun Tage lang vegetarisch, versetzen sich in Trance und kasteien sich in Prozessionen durch Phuket Town: Sie laufen über glühende Kohlen und treiben sich Haken und Spieße durch Wangen und Zungen. Besucher sollten weiß gekleidet sein. *www.phuketvegetarian.com*

November

Loi Kratong Das romantischste Fest in Thailand. Kleine Boote werden in der Vollmondnacht mit einer Kerze, Räucherstäbchen, Münzen und Blüten zu Wasser gelassen – auf Flüssen, Seen und Kanälen, auf Phuket auch auf Swimmingpools. So wird die Wassergöttin *Mae Khongka* um Verzeihung dafür gebeten, dass die Gewässer verschmutzen.

Dezember

King's Cup Regatta Yachten aus der ganzen Welt segeln in den ersten Dezembertagen vor der Südspitze Phukets um die Wette. *www.kingscup.com*

> HIMMEL UND HÖLLE

Höllisch scharf und himmlisch gut: Bei thailändischen Gerichten ist Frische das oberste Gebot

> So international wie die Besucher sind, ist auch die Küche auf Phuket. Wer mag, kann hier Palatschinken, Pizza oder Paella essen. Wer aber mit dem Gaumen auf Entdeckungsreise gehen will, sollte unbedingt die leichte, frische und überaus aromatische Küche der Thais probieren.
An jeder Ecke dampft und brutzelt es in kleinen Kneipen. Fahrbare Garküchen parken am Straßenrand, Köchin oder Koch stellen ein paar Hocker und Tischchen auf den Gehsteig, fertig ist das Open-Air-Restaurant. Für ein paar Baht gibt es Nudelsuppen mit Huhn oder Ente, gebratenen Reis mit Krabben, süße Pfannkuchen mit Ananas.

Die fettarme thailändische Küche ist so gesund, dass Ernährungswissenschaftler ihre helle Freude daran haben. Fleisch wird recht sparsam verwendet, eher schon kommen Geflügel und Meeresfrüchte auf den Teller. Dazu viele Gewürze und Kräu-

Bild: Shrimps mit Reis und scharfer roter Soße

ESSEN & TRINKEN

ter. Gemüse wird nur kurz gegart und bleibt somit knackig und vitaminreich. Zudem ist die Landesküche dem tropischen Klima perfekt angepasst. Chilischarfe Speisen sind Medizin gegen Bakterien und bringen den durch hohe Luftfeuchtigkeit strapazierten Kreislauf in Schwung. Die Gerichte sind leicht und liegen nicht schwer im Magen.

Thai-Gerichte kommen schon in mundgerechten Stücken auf den Teller. Gegessen wird mit dem Löffel in der rechten Hand. Lediglich Nudelgerichte – auch Suppen! – werden mit Essstäbchen gereicht. Ein typisches Thai-Menü kann aus Speisen in bis zu fünf Geschmacksrichtungen bestehen. Diese Kombination regt die Geschmacksnerven an. Dazu gehört ein großer Topf mit Reis. Jeder bedient sich selbst. Als unhöflich gilt, wenn man sich alle Zutaten auf einmal auf den Teller häuft.

Feste Essenszeiten für *Lunch* (11.30–14 Uhr) und *Dinner* (18.30 bis 22 Uhr) gibt es nur in den gehobenen Speiserestaurants.

Auf Phuket wie überall im Süden Thailands hat man auch das benachbarte Malaysia auf der Zunge. So z. B. beim *gaeng massaman*, einem roten Curry mit Rindfleisch, Erdnüssen und Kartoffelstückchen. Auf einer Insel wird natürlich mit besonderer Vorliebe das verspeist, was das Meer hergibt. Allerdings sind die Küstengewässer schon weitgehend leer gefischt, und so stammt auch der berühmte *Phuket Lobster* (kein Hum-

> SPEZIALITÄTEN

Genießen Sie die typische Küche auf Phuket!

gaeng kiau wan gai – Das grüne Curry mit Hühnchenfleisch und Auberginen ist eine schweißtreibende Gaumenfreude. Schmeckt leicht süßlich *(wan)*.

gung hom pa – Garnelen im Teigmantel. Man stippt sie in Tartarsoße oder in eine süßsaure Essigbrühe mit Chiliringen (Foto).

kao pat – Der gebratene Reis ist zwar kein kulinarischer Höhepunkt, aber immer eine solide Mahlzeit. Zubereitet wird er mit Ei *(kai)* und Gemüse *(pak)*. Weitere mögliche Zutaten sind Krabben *(gung)*, Schweinefleisch *(mu)* oder Huhn *(gai)*.

kui tiao nam – Die Nudelsuppe ist Thailands beliebteste Zwischenmahlzeit. Garküchen bieten sie an jeder Ecke an. Meist mit Schweinefleisch *(mu)* oder Huhn, ganz besonders gut schmeckt sie aber mit Ente *(pet)*.

plamuk tohd katiam pik thai – Tintenfischstückchen, gebraten mit Knoblauch und Pfeffer (nicht scharf), immer ein leckerer Snack.

pla piau wan – Die Soße zum gebratenen Fisch süßsauer wird mit viel buntem Gemüse und Ananasstückchen angerichtet.

som tam – Salat aus dünnen Streifen von noch grüner Papaya. Zubereitet wird er auch mit Cocktailtomaten, getrockneten Krabben, kleinen Krebsen und viel Chili. Dazu passt rohes Gemüse, Klebreis und über Holzkohlenfeuer gegrilltes Huhn *(gai pat)*.

tom kha gai – Die Suppe mit Hühnchenfleisch in Kokosmilch ist ein besonderer exotischer Genuss. Aber Vorsicht: In der würzigen Brühe schwimmen auch Chilischoten.

tom yam gung – Die säuerliche Garnelensuppe ist Thailands inoffizielles Nationalgericht. Zitronengras verleiht ihr den unverwechselbaren Geschmack, reichlich Chili die Schärfe. Dazu darf Reis nicht fehlen.

yam wunsen – Glasnudelsalat mit Kräutern, Garnelen und Schweinehack. Chilischarf.

mer, sondern eine Languste) meist aus Aquafarmen. Trotzdem ist gerade *seafood* auf Phuket nicht mehr billig.

Thais lieben scharfes Essen. In Touristenlokalen geht man sparsamer mit Chili um. Vorsichtshalber können Sie bei der Bestellung aber ein *mai peht* (nicht scharf) angeben. Standardgerichte wie gebratener Reis oder Nudelsuppen werden generell vom Gast selber gewürzt – mit grobem Chilipulver, Zucker oder einer süßsauren Essigbrühe, in der frische Chilistückchen schwimmen. Statt Salz gibt es *nam pla* (Fischsoße). Versetzt mit gehacktem Chili, wird aus der Fischsoße *pik nam pla*. Vorsicht beim Dosieren!

Auf Phuket lockt der ganze Obstgarten der Tropen. Für die Einheimischen ist die *Durian* die Königin der Früchte. Sie trägt ihren Beinamen Stinkfrucht nicht zu Unrecht. Das weißgelbe Fruchtfleisch hinter der Stachelschale ist fast cremig weich. Entweder wird man süchtig danach, oder man schüttelt sich. Die Mango *(mamuang)* dagegen wird von allen geliebt. Besonders mundet sie mit konzentrierter Kokosnussmilch und Klebreis *(kao niau)*. Thais schätzen aber auch grüne Mangostreifen, die sie in ein Zucker-Chili-Gemisch stippen. Hinter der dicken, weinroten Schale der Mangostan *(mangkut)* verbirgt sich weißes Fruchtfleisch, das süßlich und zugleich etwas säuerlich schmeckt. Auch die haarigen Rambutan *(ngo)*, die feinen Litschis *(lintschi)* oder roten Javaäpfel *(dschompu)* sollten Sie probieren.

Das Angebot an frisch gepressten Obstsäften beschränkt sich meist auf Orangensaft – und der ist häufig mit Limonade gestreckt. Ansonsten löschen Trinkwasser *(nam bau)* aus Flaschen und Mineralwasser sowie eine Vielzahl von Softdrinks den Durst. Die beliebtesten einheimischen Biermarken sind Singha und Chang, internationale Marken wie Heineken und Tiger werden vor Ort gebraut. In vielen Lokalen bekommen Sie auch importiertes deutsches Bier.

Thais wissen: Das Auge isst mit

Der preiswerte Schnaps *Mekhong* wird aus Reis destilliert und als „Whisky" bezeichnet. Nicht so parfümiert schmeckt der etwas teurere *Saeng Som* (aus Zuckerrohr), der aber ebenfalls nicht pur getrunken wird, sondern als eisgekühlter Longdrink mit Sodawasser und einem kräftigen Spritzer Limonensaft. Touristen mischen ihn gern mit Cola.

GOLD UND GEWÜRZE

Phuket ist zwar kein Einkaufsparadies, aber Sie können trotzdem manches Schnäppchen machen

> Fast alles, was auf Phuket verkauft wird, stammt aus anderen Landesteilen und ist relativ teuer. Wenn Sie auch Bangkok oder Chiang Mai in Nordthailand besuchen, sollten Sie dort auf Einkaufsbummel gehen. Die besten Shoppingplätze auf Phuket sind die Inselhauptstadt und der Patong Beach. Umweltschützer raten vor dem Kauf von Muscheln und Korallen ab. Muscheln werden lebend aus dem Meer geholt und ausgekocht, der Handel mit Korallen ist sogar verboten.

ANTIQUITÄTEN

Ein seriöses Geschäft wird Sie darauf aufmerksam machen, dass für Antiquitäten eine Ausfuhrgenehmigung erforderlich ist, und diese auch für Sie besorgen. Auf eigene Faust kann das eine umständliche Prozedur werden. Infos beim Nationalmuseum in Thalang *(www.thailandmuseum.com)*.

BUDDHASTATUEN

Besonders heikel ist der thailändische Zoll, wenn er Buddhastatuen im Gepäck entdeckt. Selbst billigste Plastikbuddhas dürfen ohne Genehmigung nicht ausgeführt werden. Erlaubt sind nur Amulette, die am Körper getragen werden. Im Nationalmuseum in Thalang können Sie die Ausfuhrgenehmigung beantragen – falls es sich nicht um historisch wertvolle Figuren handelt. Deren Ausfuhr ist generell verboten.

GEWÜRZE

Ob Pfeffer oder Zimt, Chili, Kurkuma oder Currypaste – exotische Gewürze kosten nur einen Bruchteil dessen, was Sie zu Hause dafür bezahlen. Alle großen Supermärkte, z.B. Tesco Lotus, sind bestens damit bestückt. Die günstigsten Preise zahlen Sie auf dem Markt in Phuket Town.

GOLD

Goldschmuck zu 23 Karat gibt es in speziellen Goldgeschäften (nicht beim Juwelier!), die Sie an der roten Innenausstattung erkennen. Der Preis richtet sich nach dem aktuellen Goldkurs. Dieser

> EINKAUFEN

hochkarätige Schmuck kann jederzeit zurückverkauft werden, sogar mit Gewinn, falls der Kurs gestiegen ist. Die beste Auswahl an Goldschmuck finden Sie in Phuket Town.

JUWELEN UND PERLEN

Beim Edelsteinkauf sollten Sie äußerst vorsichtig sein. Lassen Sie sich nicht von Schleppern in ein Geschäft lotsen, kaufen Sie auch nicht bei fliegenden Händlern. In puncto Perlen ist Phuket führend. Wie man echte von falschen unterscheidet, erfahren Sie beim Besuch einer Perlenfarm (z.B. auf der Insel Naka Noi, Ausflüge können Sie bei jedem Reisebüro buchen).

MEDIKAMENTE

Fast alle Medikamente bekommen Sie rezeptfrei und deutlich billiger als in Deutschland.

RAUBKOPIEN

Immer mehr Razzien machen den Händlern gefälschter Nobeluhren und Edelklamotten das Leben schwer. Raubkopien sind auf jeden Fall illegal – also besser: Finger weg !

TEXTILIEN

Jeder zweite Shop an den Stränden scheint eine Schneiderei zu sein. Vereinbaren Sie mindestens zwei Anproben, und lassen Sie abändern, was Ihnen nicht passt. Die größte Auswahl an fertigen Textilien gibt es am *Patong Beach*, im Shoppingcenter *Central Festival* und im *Robinson-Kaufhaus* in Phuket Town.
In der Stadt finden Sie in manchen Stoffläden (z.B. in der *Thalang Rd.)* auch das thailändische Tuch der Tücher, das *pa kao ma*. Es wird in ländlichen Gegenden als kurzer Sarong (Lendenschurz) getragen, dient aber auch als Schärpe, Schal, Kopftuch oder Handtuch. Meist ist dieses Allzwecktuch blau-rot oder weiß-rot kariert. Häufiges Waschen bleicht es aus, macht es aber immer weicher. Auch Batiktücher werden auf Phuket hergestellt. Die ganze Farbenpracht der Tropen als preiswertes Mitbringsel.

> TRAUMSTRÄNDE IM DUTZEND

In stillen Buchten und an langen Stränden finden Sie Ruhe unter Palmen oder Trubel bis spät in die Nacht

> Was für eine Küste! Grüne Hügel schirmen verschwiegene Buchten vom Rest der Welt ab. Der Sand ist fein und weiß wie Puderzucker, edle Resorts ducken sich unter Palmen.

An der Westküste mit einer Nord-Süd-Ausdehnung von gerade mal 50 km zeigt Phuket seine Sahneseite. Dort, wo die Natur Topstrände wie Perlen an einer Schnur – zusammen sind es 35 km Strand – geschaffen hat, stehen fast alle Strandresorts, sonnen sich fast alle Urlauber. Aber nur am Patong Beach, dem touristischen Zentrum Phukets, wird es in der Hochsaison, die von Dezember bis März dauert, wirklich richtig voll.

BANG TAO BEACH

[112 B2] **Der 6 km lange Strand, gesäumt von Palmen und Kasuarinen, war schon**

Bild: Nai Thon Noi Beach

DIE WESTKÜSTE

immer makellos, aber bis in die 1980er-Jahre sah das Hinterland so öde aus wie eine Mondlandschaft, verschandelt durch Zinnabbau. Dann entstand das Laguna Project. Die verlassenen Zinnminen wurden geflutet, eine begrünte Lagunenlandschaft am Meer mit fünf edlen Resorts darin wurde geschaffen. Gleichwohl ist Bang Tao außerhalb dieser eindrucksvollen Luxusoase bis heute weitgehend ursprünglich geblieben. Am südlichen Teil des Strandes finden Sie ein kleines Touristendorf mit Läden und Lokalen. Edlere Geschäfte und Restaurants gibt es an der Zugangsstraße zu den Laguna-Resorts.

Im weiter landeinwärts gelegenen Ort *Choeng Thale* hat sich das Leben der überwiegend muslimischen Bevölkerung durch den Tourismus noch kaum verändert. Sie sind Fischer, Farmer und Händler geblieben. Zum Freitagsgebet versammeln sich die

Bewohner in der Islamiya Mosque, der größten Moschee auf Phuket.

ESSEN & TRINKEN

Die insgesamt 24 Restaurants der fünf Laguna-Resorts stellen auch anspruchsvolle Feinschmecker zufrieden. Am Strand vor den Resorts gibt es eine Reihe von Open-Air-Restaurants, die auf Seafood spezialisiert sind. Für romatische Zweisamkeit bietet das Resort *Banyan Tree* auf den Lagunen eine Insider Tipp Sunset-Dinner-Cruise *(Sanya Rak)* im Longtail an. Unbedingt vorab reservieren.

Insider Tipp BABYLON BEACH CLUB

Das rustikal-schicke Open-Air-Restaurant liegt direkt am Strand. Chef Roberto serviert in seinem Lokal thailändische und italienische Küche „wie bei Mamma". *Tgl. 10–22.30 Uhr | zwischen Amora Hotel und Laguna Beach Resort | Tel. 08 19 70 53 02 | www.babylonbeachclub.com* | €€

Motorradfahrer vor Phukets größter Moschee, der Islamiya Mosque in Choeng Thale

DEDOS

Insider Tipp Die Boccuse-Schüler Christoph und Pablo kreieren Spitzenküche (französisch, japanisch, thailändisch). *Tgl. außer Di ab 18 Uhr | Lagoon Rd. (Straße zu den Laguna-Resorts), Abholservice | Tel. 076 32 51 82 | www.dedos-restaurant.com* | €€€

NOK & JO'S

Rustikales Lokal am Südende von Bang Tao an der Straße nach Surin.

Hier gibt es Gulasch und Thai-Currys. Weinkarte. *Tgl. 10–1 Uhr, jeden Mi, Fr, So Barbecue all you can eat | Tel. 08 15 38 21 10* | €

ÜBERNACHTEN

ANDAMAN BANG TAO BAY RESORT

Schnucklige kleine Anlage mit sehr geschmackvollen Bungalows direkt am Strand. Kleiner Pool. *16 Zi. | 82/9 Bang Tao Beach | Tel. 076 27 02 46 | Fax 076 32 51 88 | www.andamanbangtaobayresort.com* | €€€

BANGTAO LAGOON BUNGALOW

Der Oldtimer am Beach wurde 2010 renoviert. Klimatisierte Nichtraucherbungalows in unterschiedlichsten Größen. Pool. *35 Zi. | 72/3 Bang Tao Beach | Tel. 076 31 43 10 | Tel. 08 72 68 19 25 | www.phuket-bangtaolagoon.com* | €€–€€€

BANYAN TREE PHUKET

Villen von erlesener Eleganz in großen Gärten, teilweise mit eigenem Pool (9 x 13 m), in den man fast vom Bett aus hechten kann. Das beste nichtmedizinische Gesundheitszentrum auf Phuket mit Sauna, Massagen, Meditation, Yoga, Aromatherapie, Pool mit Strömungskanal. Klare Nummer eins unter den Laguna-Resorts. *150 Zi. | Bang Tao Beach | Tel. 076 32 43 74 | Fax 076 32 43 75 | www.banyantree.com* | €€€

DUSIT LAGUNA

Links und rechts Lagunen, vorne das Meer. Das *Dusit* liegt in einem Tropengarten wie auf einer Insel. Bei Bauweise und Inneneinrichtung wurde besonderer Wert auf Thai-Stil gelegt. *254 Zi. | 390 Srisoonthorn Rd. | Bang Tao Beach | Tel. 076 36 29 99 | Fax 076 36 29 00 | www.dusit.com* | €€€

FREIZEIT & SPORT

Die Laguna-Resorts bieten Wassersport, Tennis, Golf und Squash an. An der 15 m hohen Kletterwand von *Quest Laguna Adventure (Tel. 076 32 40 62)* kann man sich mit Seilsicherung hochhangeln. Das *Dusit Laguna* vermietet Fahrräder und bietet Kochkurse an. Im *Banyan Tree Phuket* können Sie Batikmalerei erlernen und bei Meditation und Tai Chi entspannen.

MARCO POLO HIGHLIGHTS

★ **Wat Phra Nang Sang/ Wat Phra Thong**
Wie gemalt: Tempel am Highway in der Nähe von Thalang (Seite 35)

★ **FantaSea**
Kamala: eine Show als Fest der Phantasie (Seite 36)

★ **Viewpoint**
Logenblick auf drei Strände (Seite 40)

★ **Mom Tri's Kitchen**
Schönes Gartenrestaurant mit Meerblick und Multicuisine (Seite 41)

★ **Trisara**
Teures Paradies: Phukets bestes Resort (Seite 42)

★ **Simon Cabaret**
Travestieshow im Kostümrausch (Seite 51)

AM ABEND

Mehrere Kneipen und Pubs gibt es im Touristendorf und im Eingangsbereich der Laguna Resorts, z.B. die *Peppers Bar*.

AUSKUNFT

Infos zum Laguna-Komplex (auch über Eigentumswohnungen und -häuser) erteilt *Laguna Phuket (Tel. 076 36 23 00 | Fax 076 36 23 01 | www.lagunaphuket.com)*. Infos, auch zu den Stränden von Kamala und Surin, finden Sie unter *www.phuketgoldcoast.com*.

>LOW BUDGET

- Die sehr schlichten *Karon Bungalows* kosten nur 600 Baht. Mit Dusche und Ventilator, 100 m zum Beach. *17 Zi. | Karon Beach | 236 Karon Rd.(beim Kreisverkehr) | Tel. 08 93 90 40 97*
- Mit Aircon und TV ab 1000 Baht, mit Ventilator ab 450 Baht. Mitten in Kata, trotzdem ruhig, 10 Min. zum Strand. *Fantasy Hill Bungalow | 34 Zi. | Kata Beach | 8/1 Karon Rd. | Tel. 076 33 01 06 | fantasyhill@hotmail.com*
- Solide Hausmannskost für ein paar Baht finden Sie am Patong Beach an den Ständen in der extrem engen Sackgasse, die von der Soi Bangla unmittelbar vor der Apotheke Family Pharmacy abzweigt.
- Die 2010 erbauten *Bamboo Bungalows* bieten Moskitonetz, Ventilator, Gemeinschaftsdusche für 350 Baht. *4 Zi. | Bang Tao Beach | im Touristendorf beim Sunshine Coffeeshop | Tel. 08 48 47 87 36*
- Nur halb so viel wie am Strand, also ca. 200 Baht, kostet eine Massage landeinwärts, z.B. am *Karon Beach* vor dem Fußballstadion an der Karon Rd. nach dem Ortsende Kata.

ZIELE IN DER UMGEBUNG

KAO PHRA THAEO PARK [113 D1–3]

10 km nordöstlich von den Laguna Resorts (über die Straße 4030) liegt am Highway 402 das Städtchen *Thalang*. An der einzigen Kreuzung des Ortes zweigt Richtung Osten die Straße zum Naturschutzgebiet *Kao Phra Thaeo (Eintritt 200 Baht)* ab. Ein Wanderpfad führt durch den Dschungel zum *Ton-Sai-Wasserfall* und weiter in etwa zwei Stunden auf die andere Seite des Parks zum *Bang-Pae-Wasserfall* und zum *Gibbon Rehabilitation Centre (tgl. 9–16 Uhr)*. In der Auswilderungsstation *(www.gibbonproject.org)* können Sie Patenschaften für die Tiere übernehmen. Zu sehen bekommen Sie nur jene Gibbons, die wegen ihres Alters oder Verletzungen nicht mehr ausgewildert werden können.

THALANG NATIONAL MUSEUM UND HEROINES MONUMENT [113 D3]

12 km östlich von Bang Tao über die Straße 4025 kommt man zum *Heroines Monument*, das sich mitten auf der Kreuzung mit dem Highway 402 befindet. Das Denkmal erinnert an die zwei Schwestern Chan und Muk, die Phuket 1785 vor burmesischer Zerstörung retteten. Sie simulierten ein riesiges Soldatenheer, indem sie neben dem männlichen Aufgebot alle Frauen als Soldaten verkleideten und aufmarschieren ließen. Jenseits der Kreuzung liegt rechts an der Straße 4027 das *Thalang National*

Museum. Klein, aber fein, informiert es über Phukets Geschichte. Zur Sammlung gehören neben prähistorischen Grabungsfunden und Gebrauchsgegenständen auch Kunsthandwerk und alte Waffen. *Tgl. 8.30–16.30 Uhr | Eintritt 30 Baht | www.thailandmuseum.com*

Leuchtend bunt: Wandmalereien im Wat Phra Nang Sang, dem ältesten Tempel auf Phuket

WAT PHRA NANG SANG/ WAT PHRA THONG ★ [112 C1]

In Thalang stehen am Highway 402 zwei sehenswerte Tempel. Der elegante *Wat Phra Nang Sang* (nach der Einmündung der 4030 rechts in Richtung Phuket Town, ca. 6 km von Bang Tao Beach) ist der älteste der Insel, vor etwa 250 Jahren errichtet, als Thalang noch Inselhauptstadt war. Farbenprächtige Wandmalereien stellen die Geschichte Phukets und den Fall von Ayutthaya dar. Der *Wat Phra Thong* (kurz vor Ortsende Richtung Airport rechts ab) beherbergt eine mit einer dicken Blattgoldschicht überzogene und von Legenden umrankte Buddhafigur, von der nur der Oberkörper aus dem Boden ragt. Angeblich stirbt jeder, der versucht, die Statue auszugraben – oder der ihr keinen Respekt entgegenbringt.

KAMALA BEACH

[112 A3–4] **Die flache Bucht wurde erst spät vom Tourismus entdeckt. Im gleichnamigen Ort, der sich weit ins Hinterland zieht, geht das Leben noch immer seinen geruhsamen Gang.** Die komplette touristische Infrastruktur ist zwar vorhanden, aber an Shopping und Nachtleben dürfen Sie hier keine Ansprüche stellen.

ESSEN & TRINKEN

In der *Kokosnuss (€)* neben *Black Cat's Bar* serviert Thomas aus Nürnberg frische Brötchen, Käse und

Märchenhaft: Das FantaSea ist ein gigantischer Showkomplex

selbst gemachte Wurst. Im Einkaufszentrum *Foxtail Plaza* an der Beachroad bekommen Sie nicht nur Steaks im *Buffalo Steak House (€€)*, sondern auch deutsch-schweizer Küche in *Markits Kitchen (€)* sowie einheimische Gerichte im *Thai Sugar Hut (€)*. Leckere Thaiküche und eine tolle Sicht auf die Bucht können Sie im *Rockfish (www.rockfishrestaurant.com | €€)* am Südende des Strandes genießen.

ÜBERNACHTEN

Im Gebiet zwischen Hauptstraße und Strand haben sich mehrere Gästehäuser angesiedelt, etwa das familiäre *Sabina Guesthouse (9 Zi. | Kamala Beach | Tel. 076 27 95 44 | mr_nu@hotmail.com | €)*, geführt vom hilfsbereiten Mr. Phitsanu. Einfach, aber mit TV, Kühlschrank, Aircondition.

BAAN CHABA

Insider Tipp

Angenehme Bungalows mit Aircondition und Minibar in einer schön begrünten, familären Anlage. Zum Strand sind es nur wenige Meter. *8 Zi. | Kamala Beach | Tel. 076 27 91 58 | www.baanchaba.com | €€*

THE CLUB

An der Hauptstraße, ca. fünf Minuten vom Strand entfernt, liegt dieses Resort mit ausgezeichnetem Preis-Leistungs-Verhältnis. Schöne Zimmer mit TV, Minibar, Klimaanlage. Kleiner Pool. *22 Zi. | Mainrd. | Kamala Beach | Tel. 08 18 93 49 11 | Fax 076 27 91 13 | www.theclubphuket.com | €€*

KAMALA BEACH HOTEL & RESORT

Das größte Resort in Kamala, direkt am Strand. Sehr komfortable Zimmer mit TV, Minibar. Fünf Pools. *419 Zi. | Kamala Beach | Tel. 076 38 61 82 | Fax 076 27 95 79 | www.kamalabeach.com | €€€*

AM ABEND

FANTASEA ★

Eine märchenhafte Show inklusive dressierter Elefantenherde bietet der 3000 Besucher fassende Themenpark *FantaSea*. Die Veranstaltung ist den vergleichsweise hohen Eintritt unbedingt wert. *Eintritt 1500 Baht, mit opulentem Dinnerbuffet 1900 Baht | Tel. 076 38 51 11 | www.phuket-fantasea.com*

KARON BEACH

KARTE AUF SEITE 39

[114 A–B4] **Am 4 km langen Strand, der mit Büschen und Bäumen aufgeforstet ist, wird es auch in der Hochsaison nicht eng.** Fast alle Resorts liegen zusammen mit Shops und Restaurants jenseits der Strandstraße, die nicht stark befahren ist. Rund um das nördliche *Karon Centre* beim Kreisverkehr *(Karon Circle)* hat sich ein Touristendorf entwickelt. Aber entlang der Strandstraße sorgen noch große freie Flächen mit Palmen und Gestrüpp dafür, dass Karon selbst in der Hochsaison oft wie ausgestorben wirkt. Wer also weder zu viel Ruhe noch Rummel mag, der liegt hier am richtigen Strand.

ESSEN & TRINKEN

Seafood essen Sie am preiswertesten in den einfachen Open-Air-Lokalen am Südende von Karon beim Fußballstadion.

OLD SIAM RESTAURANT

Hier wird ausgezeichnete Thai-Küche auf der Terrasse serviert. Oder drinnen ein typisches nordthailändisches *Kanthoke Dinner,* bei dem man auf dem Boden sitzt und die Speisen auf flachen Tischen angerichtet werden.

> BLOGS & PODCASTS

Gute Tagebücher und Files im Internet

- > *www.thailandvoice.com* – Hier finden Sie Blogs von Ausländern, die in Thailand leben. Und eine enorme Fülle von Links.
- > *www.thai-blogs.com* – Storys und Fotos zu allen möglichen Themen. Tippen Sie mal „Patong" ins Suchfeld ein, und Sie sehen, wie es dort war, bevor die Massen kamen.
- > *http://jamie-monk.blogspot.com* – Seit zehn Jahren lebt Jamie auf Phuket. Regelmäßig schreibt er auf Englisch über Märkte, Strände, Hotels, Restaurants oder Tempel.
- > *www.jim-in-phuket.blogspot.com* – Auch der Engländer Jim lebt seit mehreren Jahren auf Phuket. Er berichtet sehr persönlich über sein Familienleben mit Frau und zwei Kindern, über Ausflüge und Feste. Mit vielen Fotos!
- > *www.phuket-info.com* – Viel besuchtes Forum mit Tausenden von Beiträgen.
- > *www.phuketgazette.net/tv* – Englischsprachiger TV-Channel der „Phuket Gazette" mit aktuellen Videoclips über alles, was sich auf der Insel ereignet. Auch Archiv mit Suchfunktion.
- > *www.thaikurs.de* – Hier können Sie schon mal hören, wie die thailändische Sprache klingt – und sie auch lernen.

Für den Inhalt der Blogs & Podcasts übernimmt die MARCO POLO Redaktion keine Verantwortung.

Mi und So um 20 Uhr gibt es außerdem Aufführungen mit klassischem Thai-Tanz. *Tgl. Lunch/Dinner | 128/10 Karon Rd. | im Thavorn Palm Beach Resort | Tel. 076 39 60 90* | €€–€€€

ON THE ROCKS
Nettes Freiluftrestaurant im Resort *Marina Cottage* am Felshang direkt am Meer. Die Meeresfrüchte und

Unter Bäumen: Blick vom Marina Phuket Resort auf den Karon Beach

Thai-Gerichte sind so exzellent wie die Aussicht. *Tgl. Lunch/Dinner | Tel. 076 33 06 25* | €€–€€€

ÜBERNACHTEN

Insider Tipp **KARON CAFÉ INN**
Angenehmes Gästehaus mit guter Küche. TV, Kühlschrank und Aircondition in jedem Zimmer. Zum Strand sind es nur 150 m. *16 Zi. | Soi Islandia Park Resort | Tel. 076 39 62 17 | Fax 076 39 83 49 | www.karoncafe.com* | €€

MARINA PHUKET RESORT
Hier können Sie sich fast wie im Dschungel fühlen, so üppig grün ist die Anlage. Edle Holzbungalows mit allem Komfort auf der Felsnase, die Karon vom Kata Beach trennt. Nur kleiner Pool, dafür gibt es einen direkten Zugang zum Strand. *89 Zi. | 47 Karon Rd. | Tel. 076 33 06 25 | Fax 076 33 05 16 | www.marinaphuket.com* | €€€

SOUTH SEA RESORT
Komfortables Hotel, U-förmig um einen Pool herum gebaut. Vom Strand nur durch eine Straße getrennt. *156 Zi. | 204 Karon Rd. | nahe Karon Circle | Tel. 076 37 08 88 | Fax 076 37 08 99 | www.phuket-southsea.com* | €€€

FREIZEIT & SPORT

Am Strand können Sie Surfbretter leihen. Außerdem werden Motorboote angeboten, um Wasserski zu fahren. Auch Fallschirmsegeln und Tauchschulen.

AM ABEND

Das Nachtleben am Karon Beach beschränkt sich auf einige Bierbars am Nordende sowie in der Mitte des Strandes.

KATA NOI BEACH

KARTE AUF SEITE 39

[114 A–B5] Der kleine *(noi)* Kata Beach liegt ca. 15 Gehminuten vom großen *(yai)* Kata Beach entfernt gleich hinterm Berg. Die 1 km lange Bucht mit einem Sandstrand wie frischer Schnee ist noch einen Tick schöner als der

größere Bruder. Und ruhiger. Der Kata Noi ist wie ein natürliches Amphitheater, das sich zum Meer hin öffnet, von grünen Bergflanken eingerahmt. Den Strand dominiert das lang gestreckte Kata Thani, das aber Palmen und Kasuarinen nicht überragt und auch den freien Zugang zum

Strand nicht versperrt. Ansonsten gibt es nur noch ein paar kleinere Resorts, einige einfache Restaurants und eine Handvoll Läden.

ÜBERNACHTEN

KATA THANI HOTEL & BEACH RESORT

Geschmackvoll eingerichtete Zimmer, fünf Restaurants (auch mit deutscher, italienischer und sogar brasilianischer Küche), fünf Pools, Tennisplätze, Fitnesscenter, Sauna – das Kata Thani lässt keine Wünsche offen. *480 Zi. | 14 Kata Noi Rd. | Tel. 076 33 01 24 | Fax 076 33 04 26 | www.katathani.com* | €€€

ZIEL IN DER UMGEBUNG

VIEWPOINT ★ [114 B5]

Fährt man vom Kata Noi zurück Richtung Kata und biegt gleich nach dem Berg rechts ab auf die Straße 4233 (Richtung Nai Harn), kommt man nach 2 km zum *Viewpoint* von Kata. Hoch über dem Meer bietet sich eine weite Sicht auf die beiden Kata-Strände und den Karon Beach, deren weiße Sandsicheln sich schön und strahlend wie die Perlen einer Kette aneinanderreihen.

KATA YAI BEACH

KARTE AUF SEITE 39

[114 B4–5] **Tadelloser Strand, tadelloses Wasser, eine 2 km lange, sichelförmige Bucht.** Fast drei Viertel davon ist vom Club Med belegt. Aber über die Strandstraße vor dem Club kommt man überall ans Meer. Zwei Feriendörfer am oberen und am unteren Strandende bieten alles, was Touristen brauchen. Vom nördlichen Zentrum sind es allerdings jeweils knapp zehn Minuten sowohl nach rechts zum Karon-Strand wie nach links zum Kata-Yai-Strand. Es ist hier fast überall sehr eng. Das sorgt zwar für Atmosphäre, stört aber die Ruhe bei Spaziergängen. Denn in der Hauptsaison ist der Verkehr sehr dicht. Hier gibt es noch viele kleinere Resorts und Gästehäuser und deshalb auch weniger Pauschalurlauber als etwa am Karon Beach. Wer es nicht allzu ruhig mag, aber auch keinen Strand mit Bettenburgen sucht, ist am Kata Beach richtig.

ESSEN & TRINKEN

THE BOATHOUSE WINE & GRILL

Elegant, aber trotzdem leger. Mit Terrasse direkt am Strand. Sowohl Thai-Gerichte als auch internationale Küche sind erstklassig, dazu noch ein bestens sortierter Weinkeller. *Tgl. 7–23.30 Uhr | im Resort The Boathouse | 182 Khok Tanot Rd. | Tel. 076 33 05 57* | €€€

EURO DELI

Chef Jo Jo ist als Koch herumgekommen in der Welt und kreiert z.B. Krabbenfleisch-Ravioli mit Mangosoße oder geräucherte Entenbrust mit Süßkartoffeln und weißer Rosinensoße. Das Restaurant liegt drei Minuten vom Kata-Zentrum entfernt (gegenüber Minigolfanlage). *Tgl. durchgehend | 58–60 Karon Rd. | Tel. 076 28 62 65* | €€

KAMPONG KATA HILL

Mitten in Kata hoch auf einem Hügel liegt dieses romantische, aus Holz gebaute Thai-Restaurant. Steaks gibt

DIE WESTKÜSTE

Kata Noi: von Bergen eingerahmte kleine Bucht mit einem Sandstrand wie frischer Schnee

es auch, aber mit einem Fisch mit Chilisoße sind Sie besser bedient. *Tgl. Dinner | Kata Centre | Taina Rd. | Tel. 076 33 01 03* | €€

MOM TRI'S KITCHEN

Ein außergewöhnliches Lokal in einem herrlichen Garten hoch überm Meer auf der Felsnase zwischen Kata und Kata Noi. Die asiatische Küche verschmilzt hier mit der mediterranen. Ein kulinarisches Highlight, serviert in dem mit Kunstwerken gespickten Restaurant des Edelresorts *Mom Tri's Villa Royale. Tgl. Lunch/ Dinner, Reservierung empfohlen | 3/2 Patak Rd. | Tel. 076 33 35 68* | €€€

EINKAUFEN

Ein Einkaufsparadies ist der Kata Beach bestimmt nicht, aber Sie bekommen hier alles, was man so täglich braucht und natürlich jede Menge Souvenirs. Schöne Keramik gibt es im *Earth to art (Karon Rd. | gegenüber Dino Park),* schicke Beachwear nebenan im *Barü (www.barufashion.com)*.

Insider Tipp

ÜBERNACHTEN

THE ASPASIA

Hoch überm Meer verwöhnt dieses edel gestylte Resort seine Gäste mit jeglichem Luxus und brillanter Aussicht. Die Zimmer und Suiten sind zwischen 65 und 210 m² groß. Spa, zwei Pools. Über eine steile Treppe sind Sie in zwei Minuten unten am Beach. *84 Zi. | 1/3 Laem Sai Rd. | Tel. 076 33 30 33 | Fax 076 33 30 35 | www.aspasiaphuket.com* | €€€

KATA DELIGHT VILLAS

Insider Tipp

Intime Oase der Ruhe unter Palmen und alten Laubbäumen. Komfortable Bungalows mit Meerblick auf der Kata-Seite des Hügels zwischen Kata Yai und Kata Noi (Abzweigung nach dem Boathouse). *16 Zi. | 186/15 Khok Tanot | Kata Beach | Tel. 076 33 06 36 | Fax 076 33 04 81 | www.katadelight.com* | €€€

KATA GARDEN RESORT
Saubere Bungalows mit Aircondition oder Ventilator und Minibar in einer gepflegten Gartenanlage mit Pool auf dem Hügel zwischen Kata und Karon. Vom Resort gehen Sie knapp zehn Minuten zu den Stränden. *63 Zi. | 32 Karon Rd. | Tel. 076 33 06 27 | Fax 076 33 04 66 | www.katagardenphuket.com* | €€–€€€

THE LITTLE MERMAID
Einfache, saubere Zimmer mit Aircondition, teilweise mit TV, Minibar, im Gästehaus oder in Bungalows um einen kleinen Pool herum. Gutes Preis-Leistungs-Verhältnis. Zu Fuß sind es zum Strand von Karon oder Kata zu Fuß jeweils ca. 15 Minuten. *40 Zi. | Patak Rd. | nahe Einmündung Taina Rd. (der direkte Zugang über die Taina Rd. wurde geschlossen) | Tel. 076 33 07 30 | Fax 076 33 07 33 | www.littlemermaidphuket.net* | €

FREIZEIT & SPORT
Direkt am Beach gibt es verschiedene Wassersportangebote. Ein von Bojen markiertes Riff am Nordende vom Strand eignet sich gut zum Schnorcheln. Wenn die Wellen hoch und gleichmäßig reinrollen (vor allem zu Beginn und am Ende der Regenzeit), steigen am Kata die ▶▶ Surfer auf ihre Bretter *(www.phuketsurf.com)*.

AM ABEND
Für Nachtschwärmer gibt es eine kleine Bierbarszene an der Straße vom *Kata Centre* Richtung Kata Noi. Im Livemusikpub *Easy Riders* (Insider Tipp) an der Taina Road gegenüber 7-Eleven kommt meistens so ab 22 Uhr richtig Stimmung auf.

LAYAN BEACH
[110 A6] **Auf den Hügeln im Hinterland dieses Strandes zwischen Nai Thon und Bang Tao werden Luxusapartments und Villen gebaut.** Im Layan-Bezirk, auf dem bewaldeten *Kap Laem Son*, liegt Phukets ultimatives Nobelresort.

TRISARA ★
Luxusresort oberhalb eines kleinen, namenlosen Puderzuckerstrandes (bei Ebbe steinig) mit 39 Villen, großzügig verteilt auf 70 000 m² grünes Hügelland. Viel Holz und Marmor, jede Villa mit Pool und Meerblick. Ab ca. 630 Euro pro Nacht. *60/1 Moo 6 | Srisoonthorn Rd. | Choeng Thale | Tel. 076 31 01 00 | Fax 076 31 03 00 | www.trisara.com* | €€€

MAI KHAO BEACH
[110 A–B3] **Phukets längster Strand (10 km) im Norden der Insel wurde als letzter für den Tourismus erschlossen.** Nur eine Handvoll gehobener Resorts haben sich hier angesiedelt. 2010 war ein riesiges *Holiday Inn* im Bau. Die Gefahr, dass dieser Strand zugebaut wird, besteht aber nicht. Ein großer Teil des Geländes gehört zum *Nai Yang National Park*.

ÜBERNACHTEN
JW MARRIOTT PHUKET RESORT & SPA
Eines der Top-Resorts auf Phuket. Mit Spitzenrestaurants, Fitnesscenter, Tennisplätzen, drei Pools und dem größten Gesundheits- und Schönheitszentrum der Insel. Das Resort setzt sich ein für den Schutz der

Seeschildkröten, die am Mai Khao zwischen November und Februar ihre Eier ablegen. *265 Zi. | Mai Khao | Tel. 076 33 80 00 | Fax 076 34 83 48 | www.jwmarriottphuket.com* | €€€

Insider Tipp

SALA PHUKET

Sehr trendy und voll schnörkelloser Eleganz ist dieses Resort. Luxuriöse

Im Blütenmeer: duftendes Bad im Spa des Luxusresorts JW Marriott Phuket

Villen, drei Pools und Spa. *79 Zi. | Mai Khao | Tel. 076 33 88 88 | Fax 076 33 88 89 | www.salaphuket.com* | €€€

NAI THON BEACH

[110 A5] **Noch grasen Wasserbüffel auf den Wiesen hinter dem feinen Sandstrand, aber Nai Thon ist langsam aus seinem Dornröschenschlaf erwacht.** Entlang der Strandstraße haben sich inzwischen einige kleinere Resorts und ein größeres Hotel angesiedelt. Auch mehrere Lokale und Shops warten auf Kundschaft. Aber immer noch ist Nai Thon einer der ruhigsten Strände auf Phuket, und da er ziemlich weit von den touristischen Zentren entfernt liegt, kommen auch bisher kaum Tagesausflügler.

ÜBERNACHTEN

NAI THON BEACH RESORT

Zweckmäßige, etwas enge Zimmer mit Klimaanlage in Holzbungalows, kleine Veranda. Zum Strand geht es über die Straße. *16 Zi. | Nai Thon Beach | Tel. 076 20 53 79 | Fax*

076 20 53 81 | *www.phuket-naithon.com* | €–€€

NAITHONBURI BEACH RESORT

Das mit Abstand beste Haus am Nai Thon Beach ist dreigeschossig um einen Pool herum gebaut. *232 Zi.* | *Nai Thon Beach* | *Tel. 076 31 87 00* | *Fax 076 31 87 77* | *www.naithonburi.com* | €€€

NAITHON SEAVIEW HOTEL

Die ordentlichen Zimmer haben alle Klimaanlage, TV und Minibar. Zum Strand nur über die Straße. *20 Zi.* | *Nai Thon Beach* | *Tel. 076 20 53 30* | €€

NAI YANG BEACH

[110 A4] Ein Wald aus langnadeligen Kasuarinen zieht sich zwischen Meer und Gummibaumplantagen, dahinter liegen dschungelbedeckte Hügel, in denen Wildschweine durchs Unterholz brechen. Dieser Strand eignet sich besonders für Familien und Naturfreunde. Der 2 km lange Nai Yang Beach geht auf Höhe des Flughafens in den 10 km langen Mai Khao Beach über. Nur in ein paar Resorts sowie in den spartanischen Bungalows der Parkverwaltung können Urlauber direkt am Strand wohnen.

Die wenigen Unterkünfte im Dörfchen Nai Yang liegen einige Gehminuten vom Strand entfernt. Vorgelagerte Korallenbänke als natürlicher Schutzwall und die flache Bucht von Nai Yang Beach sorgen dafür, das hier auch in der Monsunzeit das Schwimmen nicht – wie an vielen anderen Stränden – lebensgefährlich wird.

SEHENSWERTES

NATIONAL PARK VISITOR CENTRE

Im kleinen Museum der Parkverwaltung am Nordende bekommen Sie Infos über die heimische Tierwelt. Muscheln, Korallen und Insekten sind hier ausgestellt. *Tgl. 8.30–12, 13 bis 16.30 Uhr* | *Eintritt frei*

ESSEN & TRINKEN

Viele Garküchen und Open-Air-Restaurants. Nai Yang mit seinen Schattenbäumen ist bei Thais als Picknickplatz beliebt.

RIVET GRILL

Insider Tipp

Für den sonntäglichen Brunch in diesem Restaurant des *Indigo Pearl* fahren Kenner selbst von der Südspitze der Insel hoch nach Norden. Sushi, Steaks, Pasta, Austern, Brot, Käse und Kuchen gibt es für 1790 Baht inkl. Wein ohne Ende. Der *Kids Club* des Resorts kümmert sich um Kinder, die unter 12 Jahren umsonst schlemmen. *Tgl. Lunch/Dinner, Brunch So 12–16 Uhr (Reservierung empfohlen)* | *Tel. 076 32 70 06* | €€

ÜBERNACHTEN

THE GOLDDIGGER'S RESORT

Die familiäre, gepflegte Anlage wird vom Schweizer Hans Maier geleitet. Zimmer mit TV, Kühlschrank, Aircondition oder Ventilator in Reihenhäusern um den Pool. 500 m zum Strand. *26 Zi.* | *74/12 Surin Rd.* | *Tel. 076 32 84 24* | *www.golddigger-resort.com* | €–€€

INDIGO PEARL

Das frühere Pearl Village hat 2006 nicht nur den Namen geändert, die ganze Anlage wurde aufgemöbelt:

jetzt mit Spa, drei Pools, drei Restaurants, zwei Tennisplätzen. *277 Zi. | Nai Yang Beach | Tel. 076 32 70 06 | Fax 076 32 73 38 | www.indigo-pearl.com* | €€€

ZIEL IN DER UMGEBUNG

SIRINAT NATIONAL PARK [110 A1]

Am nördlichen Ende des Strandes von Mai Khao beim Visitor Centre des Sirinat-Nationalparks hat die Parkverwaltung den Mangrovendschungel zugänglich gemacht. Auf einem Laufsteg kann man in 15 Minuten eine interessante Rundwanderung unternehmen. Der Eingang zum Visitor Center ist an der alten Straße zum Festland, ca. 1 km vor der Sarasin-Brücke auf der rechten Straßenseite. Kurz vorher liegt linkerhand das alte Hauptquartier des Parks.

PANSEA BEACH

[112 A3] **Diese kleine Bucht ist von Bang Tao durch ein bewaldetes Felsenkap getrennt und wird durch eine Bergflanke gleich hinterm Strand abgeschirmt.** Der Pansea Beach ist eine Welt für sich. Und das kann den Gästen der beiden Luxusresorts, dem *Amanpuri* und *The Chedi* hoch über dem Meer, natürlich nur recht sein.

ESSEN & TRINKEN

Die Restaurants in den Edelresorts sind ausgezeichnet – aber ziemlich teuer. Preiswerter und nur knapp 10 Gehminuten entfernt liegen die Lokale und Strandkneipen am *Surin Beach.*

ÜBERNACHTEN

AMANPURI

Erlesene Bungalows im klassischen Thai-Stil. Auch wenn es in die Jahre gekommen ist: Das Amanpuri bleibt in der Weltliga der Top-Resorts. Prominente wie Boris Becker und Robert de Niro können das bestätigen. Und Sie auch, falls Ihnen ca. 700 Euro pro Nacht nicht zu viel sind.

Dichter Dschungel bedeckt die Hügel hinter den Stränden von Nai Thon und Nai Yang

40 Zi. | 118 Srisoonthorn Rd. | Pansea Beach | Tel. 076 32 43 33 | Fax 076 32 41 00 | www.amanresorts.com | €€€

THE CHEDI

Bungalows mit allem Komfort. Die meisten in Hanglage, die teuersten unten am Beach. Achteckiger, schwarzer Pool. *108 Zi. | 118 Srisoonthorn Rd. | Pansea Beach | Tel. 076 62 15 90 | www.ghmhotels.com* | €€€

PATONG BEACH

KARTE AUF SEITE 49

[114 A–B2] Wo in den 1970er-Jahren Globetrotter in Bambushütten nächtigten, stehen heute Hotels. Wo noch in den 1980er-Jahren Hütejungen ihre Wasserbüffel trieben, wuchert heute eine Stadt. Patong ist das geworden, was viele Touristen nun mal wollen: ein Rummelplatz. Bar, Boutique und Bratwurst – hier gibt's alles. Am 3 km langen Beach stehen die Liegestühle dicht gestaffelt. Im Zentrum der Touristenstadt schieben sich Massen an Shops und Schneidereien vorbei. Aus Hunderten von Bierbars dröhnt Musik, wartet eine Heerschar von Mädchen und Jungs und *ladyboys* (Transvestiten und Transsexuelle) auf den Mann für die Nacht oder fürs Leben. Der Patong ist kein Pensionat für höhere Töchter, hier kommen Matrosen auf Landgang in Stimmung. Und tatsächlich ankern gelegentlich auch

Weltklasse: Internationale Stars schätzen die Atmosphäre im Amanpuri Beach-Resort

Schiffe der US-Marine in der Bucht. Keines von Phukets Spitzenresorts ist hier vertreten. Aber langsam ändert sich etwas. Die ersten gestylten Clubs bereichern die Nightlifeszene, schicke Restaurants und ein paar elegante Boutiqueresorts haben sich angesiedelt. www.patong-beach.com

ESSEN & TRINKEN

Die Auswahl ist riesig. Ob internationale oder thailändische Küche, ob preiswert oder exklusiv – am Patong gibt es etwas für jeden Geschmack. Am preiswertesten und oft am schmackhaftesten ist das Essen bei den Garküchen.

BAAN RIM PA

Exzellente Thai-Küche mit einer tollen Aussicht über die Bucht von Patong. Ein Tipp: Fragen Sie nach dem *Special Set Menu*. *Tgl. Lunch/Dinner | 223 Kalim Beach Rd. | am Nordende von Patong | Tel. 076 34 07 89* | www.baanrimpa.com | €€–€€€

Insider Tipp JOE'S DOWNSTAIRS

Wer von der Straße die Treppe heruntersteigt, kommt in dieses ganz in weiß gehaltene Lokal knapp überm Wasser. Ein feines Plätzchen für den Sundowner. Aufgetischt wird New World Cuisine vom Portobello-Burger bis zum Rock-Lobster mit Mango. *Tgl. Lunch/Dinner | 223/3 Kalim Beach Rd. | neben Baan Rim Pa | Tel. 076 34 42 54* | www.joesphuket.com | €€€

THE 9TH FLOOR

Hier gibt's Schweizer Wurstsalat und Steaks, thailändische Garnelensuppe und Risotto. Eigentlich müssen bei der wilden Mischung die Alarmglocken schrillen. Aber dieser Laden ist wirklich gut und die Aussicht vom Open-Air-Restaurant im 9. Stock bestechend. *Tgl. ab 16 Uhr | 47 Rat Uthit Rd. | im Sky Inn Condotel | Tel. 076 34 43 11* | www.the9thfloor.com | €€–€€€

PUM RESTAURANT Insider Tipp

Klassische Thai-Hausmannskost wie gebratene Nudeln oder Currys steht auf der Speisekarte. Den Köchen können Sie in diesem offenen Restaurant bei der Arbeit zuschauen. Und in *Pum's Cooking School* dürfen Sie sogar selbst an den Herd. *Tgl. bis 21 Uhr | 204/32 Rat Uthit Rd. | Abzweigung Soi Patong Resort | Tel. 076 34 62 69* | www.pumthaifoodchain.com | €

SALA BUA

Außergewöhnliche Kreationen wie Entenravioli oder Thai-Klassiker wie grünes Curry mit Hühnchen werden in diesem Lokal aufgetischt. Die Gaumenschmeichler bekommen Sie direkt am Strand im Resort *Impiana*. *Tgl. ab 12 Uhr | 41 Taweewong Rd. | Tel. 076 34 01 38* | www.sala-bua.com | €€€

EINKAUFEN

Shops, Stände, Trottoirhändler wie Sand am Meer – trotzdem tut man sich schwer, außer Souvenir-Schnickschnack und Plagiaten etwas Originelles zu finden. Das größte Shoppingcenter mit Kaufhaus, Läden und Restaurants ist das *Jungceylon* (www.jungceylon.com) an der *Ra Uthit Rd.*

ÜBERNACHTEN

Nur wenige Hotels liegen direkt am Strand. Denken Sie bitte daran, dass es gegen die Landessitten verstößt, in Badehose oder Bikini durch die Straßen zum Beach zu laufen.

Insider Tipp

BAIPHO

Versteckt in einer Seitengasse, die zum Hotel *Montana Grand* führt, liegt dieses Juwel von einem Boutiquehotel. Der Schweizer Modefotograf Rudi Horber hat es durchgestylt von der indirekten Beleuchtung bis zu den Kunstwerken an den Wänden. Aircon, Minibar, DVD-Player, Pool vom Montana kann mitbenutzt werden. Zum Strand sind es zehn Minuten. *19 Zi. | 205/12-13 Rat Uthit Rd. | Tel. 076 29 20 74 | Fax 076 29 22 07 | www.baipho.com* | €€

BOOMERANG INN

Einfache, saubere Zimmer mit TV, Minibar und Aircon. In dem dreistöckigen Gästehaus gibt es einen kleinen Pool. Zentral gelegen, fünf Minuten zum Strand. *65 Zi. | 5/1–8 Hat Patong Rd. (Patong Beach Rd.) | Tel. 076 34 21 82 | Fax 076 34 28 68 | www.boomeranginn.com* | €–€€

DUANGJITT RESORT

Hotel- und Bungalowanlage in einem weitläufigen Park. Drei Pools. Am ruhigen Südende von Patong Beach. Zum Strand sind es drei Minuten. *508 Zi. | 18 Phachanukhork Rd. | Tel. 076 34 07 78 | Fax 07 63 40 28 78 | www.duangjittresort-spa.com* | €€€

ORCHID RESIDENCE

Familiäres Gästehaus mit Aircon, TV, DVD-Player, Kühlschrank. Sieben Minuten zum Strand. *16 Zi. | 171 Soi Sansabai | Tel. 076 34 51 76 | Fax 076 34 51 77 | www.orchid-residence.com* | €–€€

ROYAL PHAWADEE VILLAGE

Ein Tropengarten mit Bäumen ist dieses charmante Resort. Holzhäuser

Shops, Stände, Bierbars und Händler: Am trubeligen Patong Beach ist immer was los

im nordthailändischen Stil, mit Balkon, Aircondition, TV. Pool unter Palmen, fünf Minuten zum Strand. *36 Zi. | 3 Sawatdirak Rd. | Tel. 076 34 46 22 | Fax 076 34 46 21 | www.royal-phawadee-village.com* | €€€

FREIZEIT & SPORT

Fallschirmsegeln, Wasserskifahren, Windsurfen am Strand; Tauchtouren und -kurse werden in vielen Tauchbasen angeboten. Auf Elefanten reiten können Sie im *Patong Elephant*

Camp, ein paar Autominuten südlich von Patong an der Straße nach Karon. In schnellen Flitzern Gas geben ist möglich auf dem Rundkurs von *Go Kart Speedway (tgl. 10–22 Uhr | Tel. 076 32 19 49 | www.gokartthailand.com)* an der Straße nach Phuket Town. Ein paar Kilometer weiter geht's links ab zum *Kathu Waterfall,* wo kurz zuvor auf einem See *Phuket Waterski Cableways (Tel. 076 20 25 25 | tgl. 9–21 Uhr)* Wasserskifahrer (auch Kinder ab fünf Jahren) an Kabeln mit 28 km/h über den See zieht. Auch Elefantenreiten sowie eine Affen- und Elefantenshow *(11 und 16 Uhr)* sind im Programm.

Wer mal von einem 50-m-Turm fallen möchte, sollte sich *Jungle Bungy Jump (Tel. 076 32 13 51 | www.phuketbungy.com)* an einem kleinen See auf halbem Weg nach Phuket Town anvertrauen (ausgeschildert). Wenn Sie lieber eine ruhige Kugel schieben, können Sie im obersten Stockwerk der *Ocean Plaza (Soi Bangla)* von 12 Uhr bis Mitternacht Bowling spielen. Wer gern in der Gruppe joggen und hinterher feiern möchte, kann sich den trinkfesten ▶▶ *Hash House Harriers (www.phuket-hhh.com)* anschließen, die jeden Samstag auf wechselnden Pfaden unterwegs sind. Auch außerhalb der großen Hotels gibt es Fitnesscenter *(www.phuket.com/sports/fitness.htm).*

Atemberaubend ist hier nicht nur der Blick: Bungeejumping von einem 50-m-Turm

AM ABEND

Bierbars locken an jeder Ecke, Go-go-Bars warten im Zentrum von

Patong auf Kundschaft. Das Epizentrum des Nachtlebens ist die ▶▶ *Soi Bangla* mit ihren Seitengässchen. An dieser Amüsiermeile liegen auch die Diskos *Crocodile*, *Dragon* und *Tiger*. Die Disko mit dem besten Licht-und-Sound-System dort ist die 2006 eröffnete *Seduction (www.seductiondisco.com)*. Die *Banana Disco* beim *Patong Beach Hotel* gehört immer noch zu den Favoriten bei vielen Ausländern, die auf Phuket wohnen, außerdem bei japanischen Touristen.

Jeden Abend locken in der Soi Bangla aufgebrezelte *ladyboys* Kunden für die Travestieshow im *Moulin Rose* an. Für ein Trinkgeld posieren sie gerne vor Touristenkameras. Die Show *(tgl. mehrmals ab 21.30 Uhr)* ist okay, sie kann aber nicht mit der in Kostümen schwelgenden Darbietung im ★ *Simon Cabaret (tgl. 19.30, 21.30 Uhr | www.phuket-simoncabaret.com)* an der Straße nach Karon mithalten.

2009 eröffnete am Patong Beach Phukets erstes *Hard Rock Cafe* beim *Marriott Hotel (Burgers tgl. ab 11 Uhr, Live-Bands ab 22 Uhr)*. Zum Cafe gehört auch ein Shop mit Souvenirs für Rockfans. Ein trendiger Platz für Clubber ist der von Oliver aus Schweden geführte ▶▶ *Club Lime* (Insider Tipp) *(www.clublime.info)* an der *Thaweewong Rd.*, wo's außer House- und Technomusik auch Steaks etc. gibt. Der Club Lime ist einer der wenigen Nightspots am Patong, an dem keine Damen und Herren des horizontalen Gewerbes anzutreffen sind.

Insider Tipp: Auch in den *Rasta Pub* verirren sich keine Nachtarbeiter(innen). Die kleine offene Reggae-Kneipe ganz am Ende der Go-Go-Gasse *Soi Sea Dragon* wird von freundlichen Rasta-Thais betrieben. Der Rocktempel ▶▶ *Rock City* ist 2009 umgezogen von der *Beach Rd.* an die *Rat-U-Thit Rd. (Ende Soi Bangla)*. Aber er ist die angesagteste Adresse für extrem lauten Hardrock geblieben. Live und laut ist der Sound auch nebenan in der Disko *Tai Pan (www.taipan.st/theclub.html)*.

Schlag auf Schlag zur Sache geht's mit Händen und Füßen im *New Bangla Boxing Stadium (jeden Di, Fr, So ab 21 Uhr)*. Die besten Plätze fürs Peoplewatching sind an der Soi Bangla die *Kangaroo Bar*, die fast so alt ist wie der Patong selbst (und auch so aussieht), sowie die Hardcore-Schlucker-Kneipen links und rechts davon.

Ein Rausch in Farben: Travestieshow im Simon Cabaret

ZIEL IN DER UMGEBUNG

FREEDOM BEACH [114 A3]

Am Südende vom Patong Beach liegen an einem schwimmenden Pier Longtails, die Ausflügler in 30 Minuten um eine Felsnase herum zum malerischen Freedom Beach schippern *(hin und zurück ca. 1500 Baht inkl. Wartezeit)*. Es gibt dort keine Resorts, aber ein einfaches Restaurant. Die Liegestühle am feinsandigen Strand sind meist belegt, aber im Vergleich zum Patong herrscht hier erholsame Ruhe. Das Wasser hat Schnorchelqualität. Auf dem Weg liegt der weit weniger besuchte, aber ebenfalls schöne *Paradise Beach*, auch *Diamond Beach* genannt.

SURIN BEACH

[112 A3] **Der ca. 500 m lange Surin Beach hat sich vom Wasserbüffel- zum Luxusstrand gemausert.** Die Hügel hinterm Surin Beach wurden und werden mit Villen gespickt. An der Hauptstraße warten im *Plaza* Nobelboutiquen auf zahlungskräftige Kunden. Aber auch hier finden Sie noch preiswerte Unterkunft und nach wie vor Ruhe.

ESSEN & TRINKEN

Die meisten einfachen Strandkneipen mussten schicker Gastronomie weichen. Am trendigsten mit raffiniert indirekt beleuchteter Bar ist der ▶▶ *Catch Beach Club (www.catchbeach*

> BÜCHER & FILME

Grandiose Schauplätze und spektakuläre Szenen

> **Ao Sane Thailand** – Seit 30 Jahren überwintert der Komponist Bernt Möhrle auf Phuket. Was er gehört, gesehen und erlebt hat, verpackte er in einen sehr persönlichen Krimi. Einer der Schauplätze ist die Bucht von Ao Sane. *www.berntmoehrle.de*

> **Liebe, Schnaps, Tod** – Weltumsegler Conrad von Stark erzählt Phuket-Geschichten über die verborgene Seite des Urlaubsparadieses.

> **Farang in Thailand** – Thailand-Kenner Günther Ruffert schreibt kritisch und liebevoll über die Thais, ihre so andersartige Denk- und Lebensweise.

> **Phra Farang** – Erlebnisse des Briten Peter Robinson, der für zehn Jahre als Mönch *(phra)* ins Kloster ging. Detaillierter Einblick in eine Welt, die Fremden normalerweise nicht zugänglich ist (auf Englisch).

> **Der Mann mit dem goldenen Colt** – James-Bond-Klassiker mit Roger Moore und Christopher Lee (1974). Regisseur Guy Hamilton drehte spektakuläre Szenen in der Bucht von Phang Nga – wo seitdem eine Insel Bonds Namen trägt.

> **Die Piratenbraut** – Im Kino floppte die wirre Schatzsucher-Geschichte von Renny Harlin mit seiner damaligen Frau Geena Davis in der Titelrolle (1995). Aber die Kulisse ist grandios. Schließlich wurde vor und in den Klippen von Phang Nga und Krabi gedreht.

> **The Beach** – Etwas konfuse Story über Paradiessucher, verfilmt von Danny Boyle mit Leonardo DiCaprio (2000). Schauplätze sind u.a. Ko Phi Phi und Phuket – Aufnahmen, die Fernweh verursachen.

Die landschaftlich schönste Bucht Phukets: Laem Singh mit Felsen, feinem Sand und Palmen

club.com | €€€) des Edelresorts *Twin Palms*. Jeden Dienstag und Freitag wird ein exzellentes Beach-Barbecue mit Livemusik für 1190 Baht angeboten (Reservierung unter *Tel. 076 31 65 16)*. Leckere Snacks, Cocktails und Barbecue-Party gibt es jeden Sonntag im lässigen *StereoLab* (www.stereolabphuket.com | €€–€€€).

Insider Tipp

ÜBERNACHTEN

BENYADA LODGE

Elegantes, schnörkelloses Boutiquehotel. Zimmer mit Aircon, TV, Minibar. Dachterrasse mit Bar und Sonnenliegen. Zum Beach sind es 2 Minuten. *29 Zi. | Surin Beach | Tel. 076 27 12 61 | Fax 076 27 12 65 |* www.benyadalodge-phuket.com | €€€

SURIN SWEET HOTEL

Sieht von außen wenig einladend aus, aber die großen, sauberen Zimmer mit Aircon, Balkon, TV sind ein guter Gegenwert fürs Geld. Mit Pool. *30 Zi. | Surin Beach | Tel. 076 27 08 63 | Fax 076 27 08 65 |* www.surinsweet.net | €€

TWIN PALMS

Durchgestyltes Top-Resort. Luxuriöse Zimmer, einige mit eigenem Pool. *76 Zi. | Surin Beach | Tel. 076 31 65 00 | Fax 076 31 65 99 |* www.twinpalms-phuket.com | €€€

ZIEL IN DER UMGEBUNG

LAEM SINGH [112 A3]

Am Löwenkap, 1,5 km südlich von Surin auf der Straße Richtung Patong Beach, liegt tief unter der Straße die landschaftlich vielleicht schönste Bucht Phukets: Felsen wie auf den Seychellen, ein Bächlein fließt vom Fuß der grünen Hügel durch den feinsandigen Strand ins Meer. Da schon nahe am Patong Beach, kommen auch viele Motorboote. Leider ist es hier immer rappelvoll. Es gibt keine Resorts, aber mehrere Strandrestaurants. Parkmöglichkeiten sind oben an der Straße.

> WO DIE SEGELYACHTEN VOR ANKER GEHEN

Hier finden Sie weniger Touristen, dafür mehr Natur, normales Dorfleben und grandiose Sonnenuntergänge

> An der Ostküste Phukets liegt zwar die Inselhauptstadt, aber außerhalb der Metropole hat der Tourismus noch nicht viel verändert. Hierher zieht es nur wenige Fremde, denn weißen Sand und kristallklares Wasser finden sie hier nicht.
Die Strände sind meist schlammig und steinig. Mangrovenwälder und Aufzuchtfarmen für Krabben und Krebse säumen die Küste. Aber südlich des Hafens von Phuket, ab dem Kap Phan Wa, und in der Bucht von Chalong finden entdeckungsfreudige Urlauber einige akzeptable Strände. Vor allem bieten sie ein noch weitgehend ursprüngliches Hinterland. Und ganz unten im Süden locken sogar ein Superstrand und zwei malerische Buchten.

AO CHALONG

[114–115 C–D4–6] Die Bucht von Chalong ist ein ▶▶ beliebter Ankerplatz für Segel-

Bild: Nai Harn Beach

SÜD- UND OSTKÜSTE

yachten aus aller Welt, die hier Schutz vor den Monsunstürmen finden. Sie können mit Motorbooten zu vorgelagerten Inseln schippern. Fischer landen ihren Fang an, im Hinterland grasen Ziegen in Kokospalmplantagen. Erst ein paar Kilometer südlich vom Pier am *Mittrapab (Friendship) Beach* und am *Laem Ka Beach* ist der Strand sauber, hier können Sie bei Ebbe aber nicht schwimmen. Stichstraßen führen zum Wasser und zu den wenigen Resorts. Wer Ruhe sucht und ein Auto oder Moped hat, wird sich hier wohl fühlen.

SEHENSWERTES

BIG BUDDHA ★

Zwar ist er noch nicht ganz fertig, aber mit seinen 45 m Höhe ist der riesige Buddha auf dem 400 m hohen Berg Nagakerd schon jetzt ein überwältigender Anblick. Da ausschließlich mit Spendengeldern erbaut, wird sich die Fertigstellung der kompletten Anlage wohl noch Jahre hinziehen. Die Figur ist aber jetzt schon sehr eindrucksvoll – und die Aussicht phantastisch. *Kurz hinter Chalong an der Hauptstraße Richtung Airport, Abzweigung ausgeschildert | www.mingmongkolphuket.com*

WAT CHALONG ★

3 km nördlich vom Kreisverkehr im Dorf Chalong glänzen an der Umgehungsstraße Richtung Airport die roten Dächer des größten buddhistischen Klosters von Phuket in der Sonne. Zum chinesischen Neujahrsfest findet hier alljährlich ein großer Jahrmarkt statt.

Wat Chalong: das größte buddhistische Kloster von Phuket

ESSEN & TRINKEN

SEAFOODLOKALE IN DER CHALONG BAY

Berühmt ist das schick renovierte *Kang Eang (tgl. ab 11 Uhr | Tel. 076 38 12 12 | €€–€€€)* direkt am Pier. Wenig von Touristen besucht, aber ebenfalls sehr gutes Essen bekommen Sie im Parlai Seafood Insider Tipp *(tgl. ab 10 Uhr | Tel. 076 28 21 74 | €€–€€€)*, direkt am Strand 1 km hinter dem Phuket Zoo. Beliebt bei Seglern mit Hunger auf Burger ist *Jimmy's Lighthouse (tgl. ab 9 Uhr | Tel. 076 38 17 09 | €–€€)* links vom Chalong-Pier.

ÜBERNACHTEN

FRIENDSHIP BEACH RESORT

Der Oldtimer unter den Phuket-Resorts ist beliebt bei Langzeitgästen. Zimmer, Apartments, Bungalows mit allen Annehmlichkeiten. Pool am Meer. Fr und So Jam-Sessions. *40 Zi. | Soi Mittrapab | auf halbem Weg zwischen Chalong und Rawa | Tel. 076 28 89 96 | Fax 076 28 91 39 | www.friendshipbeach.com | €€€*

FREIZEIT & SPORT

Am Ortsrand von Chalong, an der Straße Richtung Kata Beach, finden Sie eine Reihe von Freizeitangeboten *(alle tgl. 9–18 Uhr)*. In der *Phuket Shooting Range* können Sie auf Scheiben oder Tontauben schießen. Beim *Paintball* beschießen sich die Akteure mit (harmlosen) Farbpatronen. Auch Elefantenreiten, Affen- und Schlangenshows.

Wohnen am Ao Sane Beach – wildromantisch und sehr rustikal

AO SANE BEACH

sider ipp

[114 A–B6] Diese wildromantische Felsenbucht liegt am Ende der Straße, die vom Nai Harn Beach unter dem Yacht Club hindurch einen Hügel hinauf- und wieder hinunterführt. Eine kleine Welt für sich an zwei winzigen Stränden, an denen bei Ebbe die Korallen aus dem Wasser ragen. Für Kinder wegen der Verletzungsgefahr nicht geeignet. Alles ist noch ziemlich natürlich. Zwei Resorts teilen sich dieses Paradies. Sie haben viele Stammgäste, die gern laute ▶▶ Partys feiern. Wer sich davon nicht gestört fühlt, der ist hier am richtigen Platz.

ÜBERNACHTEN

BAAN KRATING JUNGLE BEACH

Unter Laubbäumen liegen geräumige Holz- oder Betonbungalows mit Aircon, TV und Minibar. Kleiner Pool. Das Essen ist im Restaurant der benachbarten *Ao Sane Bungalows* besser und billiger. *65 Zi. | Ao Sane | Tel. 076 28 82 64 | www.baankrating.com | €€€*

FREIZEIT & SPORT

Die einzige Tauchbasis auf Phuket, die direkt am Strand liegt, betreiben Armin und Sylvia bei den *Ao Sane Bungalows*. Zum Schnuppertauchgang am Hausriff können Sie zu Fuß gehen. *www.armins-diveteam.de*

LAEM PHAN WA

[115 E5] Laem bedeutet Kap, und an diesem liegt am Fuße grüner Hügel, gesäumt von Palmen, der schönste Strand der Ostküste. Die Resortgäste haben die Bucht ganz für sich allein. Der richtige Platz für Ruhesuchende, die Komfort wünschen und Stadtnähe schätzen.

MARCO POLO HIGHLIGHTS

★ **Big Buddha**
Der höchste Buddha Thailands thront auf einem Berggipfel (Seite 55)

★ **Wat Chalong**
Phukets größter buddhistischer Tempel wird Neujahr zum Festplatz (Seite 56)

★ **Phuket Aquarium**
Auge in Auge mit Haien (Seite 58)

★ **Nai Harn Beach**
Traumhafte Tropenbucht (Seite 58)

★ **Laem Promthep**
Logenplatz für Sonnenuntergänge (Seite 59)

SEHENSWERTES

PHUKET AQUARIUM ★

Die meeresbiologische Station ist als *Phuket Aquarium* bekannt. Sie liegt am Südzipfel des Kaps und widmet sich neben der Forschung auch der Aufzucht von Meeresschildkröten. In den Aquarien schwimmt von Haien bis Korallenfischen alles, was rings um Phuket zu Hause ist. *Tgl. 8.30–16 Uhr | Eintritt 100 Baht | Sakdidet Rd. | www.phuketaquarium.org*

ESSEN & TRINKEN

PANWA HOUSE

Das zauberhafte weiße Haus sieht aus wie die Villa eines Zinnbarons. Die Thai-Küche wird direkt am Strand serviert. *Tgl. außer Mo Dinner | im Cape Panwa Hotel | Tel. 076 39 11 23* | €€–€€€

ÜBERNACHTEN

CAPE PANWA HOTEL

Zimmer mit allem Komfort im Hotelgebäude und in sechs Bungalows am Hang. Pool, Tennisplätze und sogar eine kurze Drahtseilbahn vom Hotel runter zum Strand. *246 Zi. | Sakdidet Rd. | Cape Panwa | Tel. 076 39 11 23 | Fax 076 39 11 77 | www.capepanwa.com* | €€€

>LOW BUDGET

- Die *Ao Sane Bungalows* in der Bucht von Ao Sane sind mit ihren gepfählten Bambushütten Relikte aus der Hippiezeit (300 Baht mit Dusche). Selbst die Bungalows mit Ventilator kosten alle unter 1000 Baht. Viele Stammgäste, Segler, Topküche. *23 Zi. | Ao Sane | Tel./Fax 076 28 83 06*
- Frühstück für 30 Baht: *Kanom Chin,* Reisnudeln mit Currysoße, dazu rohes und eingelegtes Gemüse und Kräuter, wird in einem namenlosen Lokal angeboten *(tgl. außer Do 7–11 Uhr).* Wenn Sie von Nai Harn hochkommen, links in die Sai Yuan Rd. abbiegen, nach ca. 150 m rechts (gegenüber Didis Hairsalon). Achtung: Hier spricht keiner Englisch!
- Familiär und bestens geführt ist das *Shanti Lodge.* Salzwasserpool, Restaurant. 14 Zi. mit Aircon oder Ventilator, teils mit eigener Dusche, ab 500 Baht. An ruhiger, etwas abgelegener Seitengasse. *1/2 Soi Bangrae | Choafa Nok Rd. | Chalong | Tel. 076 28 02 33 | www.shantilodge.com*
- *On The Rock*: Zimmer mit Ventilator oder Aircon für 800 bis 1200 Baht. Hinter Resort *Yacht Club.* Zum Nai Harn Beach 2 Min. zu Fuß. *Tel. 08 69 52 08 19 | www.nairock.com*

NAI HARN BEACH

[114 B6] ★ **Blaues Meer, breiter Sandstrand, eingerahmt von grünen Bergflanken und dahinter eine Lagune – kein Wunder, dass sich am Nai Harn Beach Hippies und Rucksacktraveller besonders festklammerten, als der Tourismus auf Phuket begann.** Inzwischen sind die Hippies und ihre Pfahlhütten verschwunden, aber ein Rummelplatz ist Nai Harn nicht geworden. Nur zwei Resorts und ein paar Bungalows finden Sie hier, dazu einige Souvenirshops und Open-Air-Kneipen. Die meisten Besucher sind Tagestouristen, denen es an ihrem eigenen Strand zu trubelig ist. In der Hauptsaison

PHUKET TOWN

Spuren hinterlassen. Gesichtslose Neubauten und Souvenirshops scheinen auf den ersten Blick das Zentrum zu dominieren. Den Besuchern, die tagsüber für ein paar Stunden ihre Strände verlassen und in die Stadt kommen, entgeht oft, dass nur eine Parallelstraße weiter das alte Phuket noch lebt. Großartige Sehenswürdigkeiten werden Sie zwar nicht finden, aber wer etwas Muße mitbringt und auch mal um die Ecken schaut, entdeckt so manche Details, die sich zu einem liebenswerten Ganzen fügen.

SEHENSWERTES

JUI TUI TEMPLE ★ [U A3–4]

Dieser chinesisch-taoistische Tempel an der Ecke Ranong Rd./Soi Phu Thon ist dem Vegetariergott Kiu Wong In geweiht und Schauplatz vieler Zeremonien beim *Vegetarier-Festival.* Gleich daneben der ebenfalls taoistische Tempel *Kwan Im*

Teng (auf vielen Karten auch als *Put Jaw* eingezeichnet), auf dessen Dächern sich Drachen aufbäumen. Er ist der Göttin der Gnade geweiht und mit über 200 Jahren der älteste chinesische Tempel Phukets.

Drachen krönen die geschwungenen Dächer des taoistischen Tempels Kwan Im Teng

ORCHID GARDEN & THAI VILLAGE [O]

Thai-Tänze, Thai-Boxen, Thai-Heirat – jede Menge Folklore wird hier an einem See auf einer ehemaligen Zinnmine geboten. Reines Touristenspektakel, aber durchaus unterhaltsam. Auch die obligaten Elefanten stehen für einen kurzen Ritt bereit, das Angebot der Souvenirshops wird hier gleich an Ort und Stelle produziert, und auf 1600 m² blühen Orchideen. *Am nördlichen Stadtrand links ab vom Highway Richtung Airport (ausgeschildert) | Shows tgl. 11 und 17.30 Uhr | Eintritt 250 Baht | Tel. 076 21 48 60*

RANG HILL ★ [U A1–2]

Auf Thai heißt der Hausberg von Phuket Town am nordwestlichen Stadtrand *Khao Rang* (Zufahrt über die *Kho Simbi Rd.* oder die *Soi Wachira*). Er ist zwar nur bescheidene 139 m hoch, bietet aber eine schöne Sicht über die ganze Stadt. Wem der Joggingpfad nach oben zu schweißtreibend ist, der probiert die ordentliche Thai-Küche im *Tung-Ka Cafe (Tel. 076 21 15 00 | €)*.

SAM SAN TEMPLE [U A3]

In diesem *Sanjao* (chinesischer Tempel) an der *Krabi Road* wird *Tien Sang Sung Moo* verehrt, die Göttin der See und Schutzpatronin der Seeleute und Fischer. Sehr fotogen hebt sich das Eingangstor mit seinen kunstvollen Skulpturen, den chinesischen Schriftzeichen und leuchtenden Farben gegen den meist blauen Himmel ab.

THAIHUA MUSEUM [U B3]

Phukets älteste chinesische Schule aus dem Jahr 1934 ist zum Museum umgebaut worden. Sie finden hier viele historische Fotos und Infos über die thai-chinesische Geschichte der Stadt. Und auch das Gebäude im sinoportugiesischen Stil ist sehenswert. *28 Krabi Rd. | Tgl. außer Mo 11–19 Uhr*

WAT SIREY [0]

Verlässt man das Stadtzentrum auf der Sri Suthat Rd. Richtung Osten, fährt man, ohne es zu merken, auf einer Dammbrücke auf die kleine Insel *Ko Sirey*. Von der Hauptinsel ist sie nur durch den schmalen *Klong* (Kanal) *Tha Jeen* getrennt. Hier auf einem Felsenberg liegt der buddhistische Tempel *Wat Sirey* mit seinem 10 m langen, liegenden Buddha. Auch eine schöne Aussicht können Sie von hier aus genießen.

ESSEN & TRINKEN

ANNA'S [U B4]

Ein Restaurant mit Stil hinter restaurierten, historischen Mauern. Die westliche Küche ist so lala, die Thai-Gerichte sind aber authentisch. *Tgl. Lunch/Dinner | 13 Rasada Rd. | nahe Kreisverkehr | Tel. 076 21 05 35 |* €–€€

BAAN KLUNG JINDA RESTAURANT [U B3]

In einer wunderschönen alten Stadtvilla können Sie Thai-Küche in stilvollem Ambiente genießen. Und sich sogar ihre Hochzeit ausrichten lassen. *Tgl. durchgehend | 158 Yaowaraj Rd. | Tel. 076 22 17 77 | www.baanklung.com* | €€

LE CAFÉ [U B4]

In diesem angenehmen, kleinen Café im Bistrostil werden westliche und thailändische Gerichte serviert. *Tgl. ab 10 Uhr | 64/5 Rasada Centre | Rasada Rd.* | €

CHINA INN CAFE [U B3] Insider Tipp

Ein Lokal mit Charme in einem liebevoll restaurierten, sinoportugiesischen Stadthaus. Die Thai-Küche ist authentisch und vorzüglich. *Tgl.*

MARCO POLO HIGHLIGHTS

★ **Zentrum**
Wo die Villen der Gummi- und Zinnbarone stehen (Seite 62)

★ **Jui Tui Temple**
Wo die Götter und Göttinnen der Chinesen wohnen (Seite 63)

★ **Rang Hill**
Wo einem die ganze Stadt zu Füßen liegt (Seite 64)

★ **Sawasdee Thai Restaurant**
Wo man zu bürgerlichen Preisen wie ein König schlemmen kann (Seite 66)

außer So durchgehend | 20 Thalang Rd. | Tel. 076 35 62 39 | €–€€

HOKKIEN NOODLE SOUP [U B3]

Für weniger als einen Euro wird in diesem einfachen Lokal jeden Tag bis zum späten Nachmittag eine leckere Nudelsuppe serviert. *Am Kreisverkehr nahe Markt |* €

KA JOK SI [U B4]

In einem etwas engen, aber gemütlichen historischen Stadthaus mit antikem Dekor können Sie ausgezeichnete und sehr preiswerte Thai-Küche genießen. *Tgl. außer So/Mo Dinner | 26 Takua Pa Rd. | Tel. 076 21 79 03 |* €–€€

SAWASDEE THAI RESTAURANT ★ [U B3]

Bei den Einheimischen und bei den auf Phuket lebenden Ausländern eines der beliebtesten unter den guten Speiselokalen. Hier wird die *Royal Thai Cuisine,* bei der das Auge in besonderer Weise mitisst, zu absolut akzeptablen Preisen serviert. *Tgl. ab 17 Uhr | in der 8/5 Mae Luan Rd. (gegenüber Hotel Phuket Island Pavillon) | Tel. 076 23 48 04 |* €€

Insider Tipp SIAM INDIGO [U B3]

Ein Juwel ist diese liebevoll restaurierte Stadtvilla. Erstklassige authentische Thai-Küche, z. B. Ente in mildem Curry *(massaman). Tgl. ab 11 Uhr | 8 Phang Nga Rd. | Tel. 076 25 66 97 | www.siamindigo.com |* €€–€€€

EINKAUFEN

Im Zentrum reiht sich entlang der Haupteinkaufsstraßen *Ranong, Rasada, südliche Yaowaraj, Montri und Tilok Uthit 1 Rd.* ein Geschäft an das andere. Das größte Kaufhaus mit dem größten Supermarkt der Innenstadt ist das *Robinson* an der *Tilok Uthit 1 Rd.,* hinter der Ocean Shopping Mall. Das größte Shoppingzentrum der Insel, das *Central Festival,* liegt am Stadtrand an der Straße Richtung Patong. Abends strömen die Thais zum *Night Market* an der *Ong Sim Phai Rd.,* hauptsächlich wegen der vielen Essensstände.

ISLAND PARADISE [U B3] Insider Tipp

Kleine, aber feine Boutique. Ausgewählte Einzelstücke und Accessoires von hauchzarter Beachwear bis zu flippigen Gürteln. *8 Phang Nga Rd., neben Siam Indigo*

OLD PHUKET GALLERY [U B3]

In diesem historischen Stadthaus wird das alte Phuket auf Schwarz-Weiß-Fotos gezeigt. Viele Motive gibt es auch auf Ansichtskarten. *74 Thalang Rd.*

PRIVATE COLLECTION [U B3]

Seide, Schmuck, Kunsthandwerk aus Kaschmir und Indien in einer schön restaurierten Stadtvilla. Nicht die üblichen Souvenirs, aber auch nicht billig. *265 Yaowaraj Rd.*

SOUL OF ASIA [U B4]

Der Laden ist eine Schatztruhe für Liebhaber von asiatischen Antiquitäten und Gemälden. Sie können hier absolut erlesene Stücke entdecken. Holländisches Management. Der Transport nach Übersee wird vom Haus arrangiert. *37, 39 Rasada Rd. | www.soulofasia.com*

Insider Tipp

THAI ART GALLERY [U B3]

In dieser Galerie können Sie dem Maler Suriya zuschauen, wie er farbenprächtige Thai-Motive auf die Leinwand zaubert. Er hat auch Werke von Künstlerkollegen im Angebot. *30 Yaowaraj Rd.*

V. MULTI GEMS INTERNATIONAL [U C3]

Das etablierte Juweliergeschäft hat eine gute Reputation. Perlen, Juwelen und Schmuck finden Sie hier in riesiger Auswahl. Man kann sich auch Stücke nach eigenen Vorstellungen entwerfen und fertigen lassen. Ebenso darf man den Juwelieren und Goldschmieden bei der Arbeit zuschauen und lernt dabei etwa, wie Rohedelsteine geschliffen werden. 154 Thepkrasattri Rd. | *http://vmultigems.com*

ÜBERNACHTEN

In puncto Preis-Leistungs-Verhältnis sind die Unterkünfte mit Abstand besser als an den Stränden. Da auf der Insel kein Weg sehr lang ist, bietet sich die Stadt als Alternative an, z.B. um erst mal die verschiedenen Strände unter die Lupe zu nehmen.

CRYSTAL INN [U C4]

Modernes Stadthotel, das in dieser Ausstattung an den Stränden mindestens das Doppelte kosten würde. Alle Zimmer mit Aircon, TV, Minibar. Internetcafé im Haus. Zentrale Lage. *54 Zi.* | *2/1-10 Soi Surin* | *Montri Rd.* | *Tel. 076 25 67 89* | *www.phuketcrystalinn.com* | €

ON ON HOTEL [U B3]

Das zentral gelegene Haus aus den 1920er-Jahren ist selbst ein Stück

Verlockend: Die Marktstände quellen über vor exotischen Früchten und Gemüsen

Stadtgeschichte. Alles etwas abgewohnt und mit Patina, aber mit Charme. Einfache Zimmer (Ventilator oder Aircon). Die beliebteste Traveller-Herberge der Stadt zieht auch mit ihrem Internetcafé Gäste an. *49 Zi. | 19 Phang Nga Rd. | Tel. 076 22 57 40* | €

Kampfsportart mit Händen und Füßen: Muay thai, Thai-Boxen, ist der Nationalsport

PEARL HOTEL [U C4]

Die einstige Nummer eins ist in die Jahre gekommen, hat aber alle Annehmlichkeiten, einen kleinen, sehr schönen Pool – und abendliche Livemusik im Coffeeshop. Unterm Dach ein ausgezeichnetes Chinarestaurant. Der Massagesalon ist für ein Thai-Hotel üblich und nicht störend. Zentral. *250 Zi. | 42 Montri Rd. | Tel. 076 21 10 44 | Fax 076 21 29 11 | www.pearlhotel.co.th* | €€

ROYAL PHUKET CITY [U D4]

Das beste Hotel der Stadt hat ein sehr gutes Preis-Leistungs-Verhältnis. Fitnesscenter, Pool, Sauna, Spa. Die leckersten Törtchen der Stadt bekommen Sie im *Bistro 154.* Insid Tip *251 Zi. | 154 Phang Nga Rd. | gegenüber Busbahnhof | Tel. 076 23 33 33 | Fax 076 23 33 35 | www.royalphuketcity.com* | €€–€€€

THALANG GUESTHOUSE [U B3]

Das Guesthouse ist in einem mehr als 70 Jahre alten Stadthaus untergebracht. Die schlichten Zimmer sind entweder mit Aircon oder Ventilator ausgestattet. Zwei Zimmer im obersten Stock haben Balkon und Logenblick auf die Straße. Der Chef Mr. Ti ist sehr hilfsbereit. *12 Zi. | 37*

Thalang Rd. | *Tel. 076 21 42 25* | *www.talangguesthouse.com* | €

FREIZEIT & SPORT

PEARL BOWLING [U C4]

Die Bowlingbahnen liegen neben dem *Pearl Hotel.* Nachmittags kommen Sie auch ohne Reservierung zum großen Wurf. *Tgl. ab 14 Uhr* | *Montri Rd.* | *Tel. 076 21 14 18*

AM ABEND

Während sich die meisten Touristen lieber in den Bars der Strände vergnügen, schätzen die Einheimischen eher die Nachtclubs, Pubs, Coffeeshops und Karaokelokale in der Stadt. An einigen Plätzen treffen aber auch Thais und ortskundige *falang* aufeinander. So im rustikalen ▶▶ *Timber & Rock (118/1 Yaowaraj Rd.)*, wo jeden Abend außer So ab 21 Uhr eine Rockband einheizt. *Im Rockin Angels (tgl. 20–1 Uhr* | *54 Yaowaraj Rd. kurz vor Abzweigung Thalang Rd.)* rockt Patrick als Ein-Mann-Band, und es ist schon voll, wenn zehn Leute da sind. Ortsansässige *falang* treffen sich in *Michaels Bar (tgl. 11–1 Uhr* | *Takua Pa Rd.* | *www.phuket-town.com/michaels)* vorm Riesenbildschirm oder zum Poolbillardspielen. Junge und hippe Thais gehen gern in die *Disko Kor Tor Mor (tgl. 20–2 Uhr* | *41/5 Chana Charoen Rd. nahe Robinson).* Liveband und DJs mit Faible für HipHop sorgen für den Sound.

Englischsprachige Filme können Sie im *Paradise Multiplex* an der *Tilok Uthit Road* neben dem Ocean-Shoppingcenter in mehreren Kinos sehen. *Thai-Boxen* gibt es jeden Freitag ab 20 Uhr im *Boxing Stadium (Saphan Hin)* am südlichen Ende der *Phuket Road* ca. 2 km außerhalb des Zentrums.

AUSKUNFT

TOURISM AUTHORITY OF THAILAND (TAT) [U C3]

Hotellisten, Fahrpläne und Broschüren bekommen Sie hier, auch von privaten Anbietern. *191 Thalang Rd.* | *Tel. 076 21 10 36* | *Fax 076 21 35 82* | *tatphket@tat.or.th*

>LOW BUDGET

- Im angejahrten *Thavorn Hotel* gibt es schon für 250 Baht ein Zimmer mit Ventilator, für 500 Baht eins mit Aircon. Die Teppiche sind durchgelaufen, der Putz blättert, aber die Zimmer sind geräumig (und laut zur Straßenseite hin). *200 Zi.* | *74 Rasada Rd.* | *Tel. 076 21 13 33* | *Fax 076 21 55 59*
- Unschlagbar günstig telefonieren Sie in der Filiale der staatlichen *Communication Authority of Thailand (CAT)*: 2,5 Baht pro Min. nach Hause. *Mo–Fr 8–20 Uhr, Sa/So 8–17 Uhr* | *112/2 Phang Nga Rd. (nahe Hauptpostamt)*
- Hier kosten schmackhafte Gerichte nur maximal 100 Baht: Das beste *Chicken & Rice* gibt's im *Kota Khao Man Gai (Soi Surin* | *nahe Crystal Inn, gegenüber der Orthopaedic Clinic).* Muslime essen gern *Murtabak* und *Roti*, eine Art Pfannkuchen, gefüllt mit Huhn oder Gemüse, dazu kommt ein Schälchen Currysoße auf den Tisch. Besonders lecker schmecken sie bei *Abdul* und *Aroon.* Beide haben ihre Lokale am oberen Ende der *Thalang Rd., nahe Ecke Thepkrasattri Rd. (tgl. 6–17.30 Uhr).*

> FELSEN-, STRAND- UND DSCHUNGELWELTEN

Auf organisierten Tagesausflügen oder auf eigene Faust eintauchen in den Mikrokosmos rund um Phuket

> Wie Smaragde auf blauem Samt liegen rings um Phuket viele kleine Inseln. Einige haben puderzuckerweiße Strände, andere sind nur bizarre Kalksteinfelsen. Alles über Krabi, Ko Phi Phi, Ko Lanta und Ko Jum finden Sie im MARCO POLO Reiseführer „Krabi".

PHANG NGA BAY

[116 B3] ★ **Die Phang-Nga-Bucht nordöstlich von Phuket ist gespickt mit bizarren Kalksteininseln und Felsen. In einigen Inseln liegen Tropfsteinhöhlen, deren Eingänge nur bei Ebbe mit dem Kanu oder dem Longtail passierbar sind.** Hier wurde 1974 eine Szene für „Der Mann mit dem goldenen Colt" gedreht. Dahinter erhebt sich *Ko Tapu,* die Nagelinsel, die sich mit ihrem unterspülten Felsenfuß tatsächlich wie ein Nagel aus dem Meer reckt.

Ko Pannyi wird oft fälschlich als *Sea Gypsy Island* vermarktet. Tat-

Bild: Similan-Insel

INSELN UND ZIELE UM PHUKET

sächlich werden die ins seichte Meer gepfählten Häuser am Fuß eines mächtigen Felsmassivs von Muslimfamilien bewohnt. Die Restaurants am Rand des Pfahldorfes sind Pflichtstopp bei organisierten Phang-Nga-Touren. Sie werden in jedem Reisebüro angeboten und führen von Phuket per Bus nach Phang Nga zum Pier von Tha Dan. Dort warten Boote, um Besucher durch die Bucht zu schippern. Für die Fahrtzeit ab Brücke/ Festland im Norden Phukets müssen Sie ca. 50 Min. rechnen.

Sie können die Bootstour aber auch schon von Phuket aus starten. Boote in die Phang Nga Bay legen am Pier von *Ao Po* **[111 E5]** ab *(Tagescharter für ein Longtail ca. 4000 Baht, Platz für acht Personen)*. Besonders romantisch ist der Törn auf den Dschunken *June Bahtra* und *Ayodhaya (Tagestour ca. 3500 Baht, Sunset-Trip ca. 2400 Baht | Buchung* *übers Reisebüro oder unter www.phuket-travel.com/cruises)*.

Am schönsten präsentiert sich die Bucht im milden Licht der aufgehenden Sonne und des Nachmittags. Wer die Tour auf eigene Faust unternehmen will, kann unterhalb des Piers von Tha Dan direkt am Wasser (kein

Felsengebirge in türkisgrünem Meer: in der Phang-Nga-Bucht

Badestrand!) im komfortablen *Phang Nga Bay Resort (88 Zi. | 20 Tha Dan Rd. | Tel. 076 41 20 67 | Fax 076 41 20 70 | €€)* übernachten und am Pier ein Longtail chartern. Der Tagestrip kostet ca. 4000 Baht, Platz haben acht Personen.

KO JUM

[116 D5] Ja, es gibt sie immer noch, diese Inseln am Rande der Zivilisation. Ko Jum (im nördlichen Teil Ko Pu genannt) ist wie geschaffen für eine Robinsonade auf Zeit. Schon die Anreise zeigt, dass dieses Eiland nur etwas für Leute mit Entdeckerfreude ist. Das Fährboot von Krabi nach Lanta hält etwa eine Stunde nach dem Ablegen in Krabi Town auf offener See. Die Longtails der Resorts kommen längsseits und holen die Gäste ab, die nach Ko Jum wollen. Die Insel ist zwar 9 km lang, aber bislang gibt es nur knapp zwei Dutzend Resorts. Fischer und Gummizapfer leben auf dieser dünn besiedelten Dschungelinsel. *www.kohjumonline.com*

ESSEN & TRINKEN

Fast alle Resorts bieten ordentliche bis sehr gute Küche. Spitzenküche serviert die Französin Valerie in den *Oon Lee Bungalows (€–€€)* in der Ting Ray Bay. Im Inseldorf Ban Ko Jum gibt es ein paar einfache Lokale. Ein Platz mit toller Sicht auf grüne Nachbarinseln ist das ins Wasser gepfählte *Ko Jum Seafood (tgl. 9–23 Uhr | €)*.

EINKAUFEN

Im Inseldorf Ban Ko Jum finden Sie Artikel für den täglichen Bedarf.

ÜBERNACHTEN

Strom gibt es erst seit 2010. Aber nicht alle Resorts sind angeschlossen. Generatoren werden meist gegen 23 Uhr abgeschaltet. Die größeren Resorts liegen im südlichen Teil der Insel (Ko Jum) am Andaman Beach. Der Norden (Ko Pu) ist durch kleinere Anlagen und völlige Ruhe geprägt.

BONHOMIE BEACH COTTAGES

Rustikale Bungalows aus antikem Teakholz, gebaut mit Liebe zum Detail. Sehr familiär und sehr ruhig. *10 Zi. | Lubo Beach (Ko Pu) | Tel. 08 47 25 80 26 | www.bonhomiebeach.com | €*

JOY BUNGALOW

Der Oldtimer unter den Resorts bietet inzwischen auch große, sehr komfortable Holzbungalows. Beliebt bei Familien mit Kindern. Gute Küche, leckere Pizzas. *36 Zi. | Andaman Beach | Tel. 08 98 75 22 21 | www.kohjum-joybungalow.com | €–€€*

WOODLAND LODGE

Insider Tipp

Beim Engländer Ray und seiner Frau können Sie sich wie zu Hause fühlen. Gepflegte Anlage, erstklassige Küche. *14 Zi. | Andaman Beach | Tel. 08 18 93 53 30 | www.woodland-kohjum.tk | €*

AM ABEND

Cocktails und Lagerfeuer in den Bars *Coco* und *Freedom* (ganz unten am Kap) am Andaman Beach.

KO LANTA

[117 D6] Obwohl die Insel mit Schiffen ab Phi Phi und Krabi oder mit Minibussen ab Krabi (per Fähre) leicht zu erreichen ist, lag sie noch bis zur Jahrtausendwende im Windschatten des Tourismus. Aber seitdem wurde kräftig gebaut, und heute

MARCO POLO HIGHLIGHTS

★ **Phang Nga Bay**
Wo Kalksteinberge aus dem Meer wachsen (Seite 70)

★ **Phra Nang Beach**
Thailands spektakulärster Strand in der Provinz Krabi (Seite 81)

★ **Ko Raya Yai**
Ein Dschungelberg im Meer mit Sahnestrand (Seite 79)

★ **Ko Similan**
Farbenprächtige Naturwunder unter Wasser in einem der Top-Tauchreviere der Welt (Seite 79)

★ **Ko Phi Phi**
Atemberaubend und filmreif: Zwillingsinsel, ganz nach dem Geschmack von Hollywood (Seite 76)

gibt es neben schlichten Bungalows auch Edelresorts und Eigentumsferienwohnungen. Vor allem bei Schweden ist die Insel sehr beliebt. Für ihre Kids haben sie inzwischen sogar schon eine Schule gebaut. *www.lanta.de* | *www.kolanta.net* | *www.lantainfo.com*

>LOW BUDGET

- Am Ao Nang in Krabi: Der Marokkaner Ismael und seine Thai-Frau Jinda vermieten Bungalows ab 800 Baht (mit Ventilator und Dusche), 5 Min. vom Beach entfernt. *Anawin | 7 Zi. | Soi 6 | Ao Nang Rd. | Tel. 075 63 76 64 | ilahrizi@yahoo.com*
- Bungalows in Hanglage zum unschlagbaren Preis. Ab 300 Baht, mit Dusche und Balkon. An einem der ruhigsten Strände auf dem ruhigen Ko Jum. *Ao Si Bungalow | 9 Zi. | Ao Si Beach | Tel. 08 17 47 26 64 | www.kohjumonline.com/aosi.html*
- Die Bungalows von *P. P. Nice Beach* sind spartanisch, aber mit Ventilator und Dusche ausgestattet. Ab 800 Baht. Am ruhigen westlichen Ende der Tonsai Bay hinter dem Hospital. *16 Zi. | Tel. 08 94 51 64*
- Extrem relaxt: Hängematten und Kissen unter Bäumen, Bungalows (mit Dusche) unterm Palmlaubdach in cooler Krabi-Bucht. *The Kasbah | 9 Zi. | Tonsai Bay | kein Tel., Nicola mailen unter thekasbahyahoo.co.uk*
- Bambushütten mit Dusche und Ventilator wie in alten Hippie-Zeiten am Long Beach auf Ko Lanta. Ab 500 Baht. *Where Else | 22 Zi. | Tel. 075 68 42 53 | whereelse_lanta@yahoo.com*

ESSEN & TRINKEN

Lokale außerhalb der Resorts gibt es vor allem an den Hauptstränden *Klong Dao, Long Beach (Phra Ae), Klong Nin* und *Kantiang*. Am Klong Dao serviert Lanta-Pionier Hans in seinem *Hans Restaurant (tgl. 10–22 Uhr | nahe Royal Lanta Resort | €€)* auch Bratkartoffeln. Ina und Hot aus Ostfriesland backen selbst Brot im *Nang Sabai (tgl. 7–17 Uhr | Hauptstr. | 1 km vor Ban Saladan | €–€€)* und servieren herzhaftes deutsches Frühstück. Im Inseldorf *Ban Saladan* gibt es vor allem Pizzerien und ins Wasser gepfählte Seafood-Restaurants. Immer voll ist das *Reuan Mai (tgl. 11–22 Uhr | €€)*.

EINKAUFEN

An den Hauptstränden bekommen Sie alles für den täglichen Bedarf. Ansonsten viele Shops in Ban Saladan. *Nougat's Art Gallery* im Walker Market in Saladan kopiert meisterhaft die Gemälde großer Künstler und verkauft Postkarten mit brillanten Unterwasserfotos.

ÜBERNACHTEN

Bei Ankunft der Fähren warten Abgesandte der Resorts auf Gäste. Wenn Sie sich auf eigene Faust weiterbewegen wollen, müssen Sie ein Motorradtaxi chartern. Es empfiehlt sich aber, in der Hauptsaison nur mit Buchung nach Lanta zu kommen. Faustregel: Je weiter Sie nach Süden kommen, desto ruhiger sind die Strände.

BAMBOO BAY RESORT

Saubere Bungalows mit Aircon oder Ventilator in Hanglage am ruhigsten

Strandleben auf Ko Lanta: Relaxen unterm Sonnenschirm, Wohnen unterm Palmlaubdach

Strand Lantas ganz im Süden. Gutes Restaurant auf den Klippen. *22 Zi. | Bamboo Bay | Tel. 075 66 50 23 | www.bamboobay.net* | €–€€

COSTA LANTA

Minimalistisch gestylt und doch mit allem Komfort. Und mit viel Platz rund um den großen Pool. Eine der Top-Adressen auf Lanta. *22 Zi. | Klong Dao Beach | Tel. 075 66 81 86 | Fax 075 66 81 85 | www.costalanta.com* | €€€

FISHERMAN'S COTTAGE

Ein Chill-out-Plätzchen par excellence. Bungalows mit Ventilator und Dusche, urige Anlage am weißen Puderzuckerstrand. Chef Mr. Kun kümmert sich um alles. *11 Zi. | Klong Khong Beach | Tel. 08 14 76 15 29 | www.fishermanscottage.biz* | €–€€

LANTA SAND RESORT & SPA

Edles, weitläufiges Villenresort. Viel Grün und Tropenblüten erfreuen das Auge. *77 Zi. | Long Beach | Tel. 075 68 46 33 | Fax 075 68 46 36 | www.lantasand.com* | €€€

LANTAWADEE

Originelle Bauweise mit viel Holz und Ziegeln. Bungalows mit Aircon, TV, Minibar, Open-Air-Dusche. Gutes Preis-Leistungs-Verhältnis. *29 Zi. | Long Beach | Tel. 075 68 47 20 | Fax 075 68 47 21 | www.lantawadeeresortandspa.com* | €–€€

FREIZEIT & SPORT

Es wird eine Menge geboten: Reiten auf Pferden und Elefanten, Kanutouren, Urwaldtrekking, Inselhüpfen. Absolut sehenswert sind die Tropfsteinhöhlen von *Mai Kaeo*. Touren vermitteln die Reisebüros. Schnorcheltrips bieten auch die Resort. Tauchbasen unter *www.lanta.de*.

AM ABEND

Der *Klong Dao* ist Lantas Familienstrand, in den Bars direkt am Strand geht es eher geruhsam zu. Am ▶▶ Insider Tipp *Long Beach* trifft sich die Partyszene. Gefeiert wird fast jeden Abend in einer anderen Strandbar. Rechtzeitig vorher werden Handzettel verteilt. Immer was los ist im *Funky Fish,* im *Reggae House* und der *Ozone Bar.* Kneipen für Nachtschwärmer gibt es auch an der Hauptstraße, z. B. *Opium Bar* und *The Brit Cafe.*

KO LONE

[116 B5] **Obwohl nur eine Viertelstunde vom Pier in Chalong entfernt, ist diese bergige Dschungelinsel, auf der nur einige Fischer und Kautschukzapfer leben, ein grünes Paradies für Ruhesuchende.**

ÜBERNACHTEN

CRUISER ISLAND RESORT

Attraktive Bungalows mit Klimaanlage und TV. Pool, Tennisplatz. Öko-orientiertes Management, das auf Recycling und Schutz der Korallen Wert legt. Buchungsbüro in *Rawai (Soi Sermsuk | Viset Rd.). Tel. 076 38 32 10 | Fax 076 38 32 11 | www.cruiserislandresort.com* | €€€

KO PHI PHI

[115 E–F 5–6] ★ **Würde es eine Rangliste der schönsten Inseln der Welt geben, hätte Ko Phi Phi eine gute Chance auf einen der vordersten Plätze.** Die Insel ist ein grünes Gebirge im Meer, mit dramatischen Felsformationen und Traumstränden, umgeben von Tauch- und Schnorchelgründen, die zu den besten in diesem Teil der Welt zählen. Das Paradies hat aber auch seine Schattenseiten. Nach dem Tsunami wurde die Chance für einen geordneten Wiederaufbau nicht genutzt. Von der bebaubaren Fläche im Tonsai-Inseldorf *(Ban Laem Trong)* ist fast jeder Quadratmeter ausgenutzt worden. Tausende von Tagesausflüglern, die mit der Fährbootflotte von Phuket, Krabi, Lanta herüberschippern, quetschen sich durch das enge Zentrum. Erst ab Nachmittag haben die Inselurlauber Ko Phi Phi wieder für sich. Unter ihnen sind viele junge Leute, die gern Party feiern – und nicht wissen, dass sie in einem Muslimdorf wohnen. *www.phi-phi.com | www.phiphihotels.info | www.phiphi.phuket.com | www.gophiphi.com*

SEHENSWERTES

VIEWPOINT [113 F6]

Hinter Tonsai Village geht es auf einem steilen, aber ausgebauten Weg etwa eine halbe Stunde bergauf zum Aussichtspunkt. Oben genießt man die eiskalten Getränke und sieht eines der beliebtesten Ansichtskartenmotive Thailands. Wer den gleichen Weg nicht zweimal gehen will, kann in etwa 20 Minuten durch den Wald auf

einem sehr steilen Trampelpfad zur Insider Tipp *Ran-Ti-Bucht* hinuntersteigen. Dort gibt es ein paar einfache Bungalows und Longtails, die Sie zurück ins Dorf bringen.

ESSEN & TRINKEN

In dem kleinen Inseldorf servieren viele Restaurants thailändische Küche und Seafood, aber auch internationale Küche. Top-Adresse ist *Le Grand Bleu (€€)*. Frisches Baguette mit Schinken und Käse können Sie in der *Pee Pee Bakery (€)* verzehren.

EINKAUFEN

In den kleinen Läden im *Tonsai Village* bekommt man alles für den täglichen Bedarf. Auch Wechselschalter und Bankautomaten.

ÜBERNACHTEN

In der Hauptsaison – und vor allem um den Jahreswechsel – wird es sehr eng. Sie sollten dringend vorher buchen. Und dran denken: Das Preis-Leistungs-Verhältnis ist auf der meist rappelvollen Insel nicht das beste.

CHUNUT HOUSE [115 F6] Insider Tipp

Schöne Holzbungalows mit Aircon oder Ventilator in einer sehr gepflegten, familiären Anlage. Für die teure Insel sehr gutes Preis-Leistungs-Verhältnis. Am Hügel nahe der (begrünten) Kläranlage. Die Lage hat einen großen Vorteil: Hier marschieren keine Massen vorbei. *12 Zi. | Tel. 08 18 94 10 26 | €–€€*

P. P. CASITA [115 F6]

Bungalows mit TV, Minibar, Aircon oder Ventilator. Kleiner Pool. Alles ist ziemlich eng hier, wie üblich auf Phi Phi, aber insgesamt wird ein guter Gegenwert fürs Geld geboten. Am hinteren, ruhigeren Ende der Bucht von Lo Dalum, Richtung Viewpoint. *45 Zi. | Tel. 075 60 12 14 | Fax 075 60 12 15 | www.ppcasita.com | €€–€€€*

PHI PHI ISLAND VILLAGE [115 F5]

Komfortable, geschmackvolle Holzbungalows auf Pfählen mit großer Veranda, Minibar und Aircondition. An der *Loh-Bagao-Bucht* mit ihrem

Eins der beliebtesten Postkartenmotive Thailands: Blick vom Viewpoint auf Ko Phi Phi

palmengesäumten Topstrand gelegen, ca. 30 Minuten mit dem Longtail von der Tonsai-Bucht entfernt. Zur Anlage gehören außerdem eine Tauchbasis, Pool und ein Tennisplatz. *112 Zi. | Tel. 076 36 37 00 | Fax 076 36 37 89 | www.ppisland.com* | €€€

Insider Tipp **PHITAROM** [115 F6]
Die sehr komfortablen Bungalowzimmer in Hanglage sind alle mit Klimaanlage, TV und Kühlschrank ausgestattet. Am hinteren Ende der Lo Dalum Bay. Pool. *52 Zi. | Tel. 075 60 11 21 | Fax 075 60 11 23 | www.phitharompp.com* | €€€

FREIZEIT & SPORT

Über ein Dutzend Tauchbasen machen sich auf Phi Phi Konkurrenz. Das drückt die Preise und verschafft den Unterwasserfreunden eine gute Wahl.

AM ABEND

In mehreren rustikalen Bars und Freiluftkneipen können die lauen Nächte im Village durchaus lang werden. Der In-Treff ist ▶▶ *Carlitos Bar*. Aber auch in *Hippies Bar* und im *Apache* treffen sich die Nachtschwärmer gerne. Chillen ist angesagt im ▶▶ *Carpe Diem,* Insider Tipp nahe *Phi Phi Villa Resort* am Weg Richtung Long Beach. Jeden Abend wird dort eine Feuershow gezeigt.

ZIELE IN DER UMGEBUNG

Bootstouren inklusive Lunchbox und Schnorchelausrüstung zu festen Preisen werden überall angeboten. Longtails können zu Festpreisen gechartert werden. Hinweistafeln mit den Tarifen z.B. am Pier.

KO MAI PAI [116 C5] Insider Tipp
Auf *Bamboo Island*, wie Ko Mai Pai auch genannt wird, setzen Tagesaus-

Filmkulisse und traumhafte Felsenbucht: Maya Bay auf Ko Phi Phi Le

flügler selten ihren Fuß, denn der flache Winzling ist eher für Phi-Phi-Besucher geeignet, die etwas mehr Zeit mitbringen. Wasser und Strand sind allererste Sahne. In der Saison sind hier Ranger der Nationalparkverwaltung stationiert, die kleine Zelte verleihen. Getränke und zwei, drei einfache Gerichte gibt's am Kiosk im Kasuarinenwäldchen.

KO PHI PHI LE [116 C6]

Die kleine *(le)*, unbewohnte Schwester der Insel Phi Phi Don *(don = groß)* erhebt sich wie eine Felsenburg aus dem tiefblauen Meer. Sehenswert ist hier die *Viking Cave*. Die an Wikingerschiffe erinnernden Felsmalereien sind zweifelhaften Ursprungs, aber die von der Höhlendecke hängenden Bambusstangen sind garantiert echt. An denen hangeln sich wagemutige Schwalbennestsammler nach oben, um die Speichelnester der Salangane zu pflücken.

Eine traumhafte Felsenbucht mit türkisgrünem Wasser ist die *Phi Le Bay*. Die *Maya Bay* übertrifft sie noch: Kalksteinwände steigen bis zu 200 m hoch aus dem Wasser und bilden eine atemberaubende natürliche Arena. Hier wurde „The Beach" mit Leonardo DiCaprio gedreht. Ranger patrouillieren den Strand und kassieren von jedem Ausländer 200 Baht Nationalparkgebühr. Kommen Sie am besten morgens oder am späten Nachmittag, wenn nicht mehr so viel Rummel herrscht!

KO RAYA YAI

[116 A6] ★ **Diese grüne, bergige Insel mit schneeweißen Stränden teilen sich ein paar Fischerfamilien, Strandkneipen und acht Resorts. Trotz Tagesausflügler stellt sich hier das perfekte Inselfeeling ein.** Und wenn Sie es ganz ruhig wollen, laufen Sie in 15 Minuten zur anderen Inselseite. Raya-Touren (auch Racha geschrieben) bietet jedes Reisebüro an. Speedboote fahren morgens vom Chalong-Pier in 40 Minuten hinüber. Sie können bis zu 20 Passagiere mitnehmen *(retour ca. 1500 Baht). www.suedthailand.info/koh_raya*

ÜBERNACHTEN

BUNGALOW RAYA RESORT

Einfache Bungalows mit Dusche und Ventilator (Strom nur bis Mitternacht) in Hanglage. Phantastische Aussicht. Zur Anlage gehört ein gutes Restaurant direkt am Meer. *20 Zi. | Tel. 076 35 20 87 | Fax 076 28 82 71 | www.bungalowraya.com* | €€

THE RACHA

Ein Traum in Weiß an einem Strand wie Sahne ist dieses Villenresort (den Strand – er wird täglich gesäubert – müssen sich die Gäste allerdings auch mit Tagesausflüglern teilen). Zwei Pools, Tennisplatz, Fitnesscenter, Spa. *71 Zi. | Büro in Chalong kurz vorm Pier | Tel. 076 35 54 55 | Fax 076 35 56 37 | www.theracha.com* | €€€

KO SIMILAN

[0] ★ **Diese neun dschungelbewachsenen Felseninseln 110 km nordwestlich von Phuket sind unbewohnt. Sie haben nur ein paar schattenlose Sandstrände zu bieten.** Was ihre Faszination ausmacht, liegt unter Wasser. Denn das Tauchrevier der Similans gehört zu

den Topdestinationen weltweit. Großfische wie Walhaie und Mantas sowie eine sensationelle Korallenwelt bekommen Taucher und Schnorchler bei Sichtweiten von bis zu 30 m zu sehen. Mehrtägige Touren mit Segel- oder Motoryachten zu den Similans bieten alle Tauchbasen an.

Am Ao Nang Beach auf Krabi gibt es jede Menge Restaurants und Imbissstände

KRABI

[116 C4] **Die Provinz Krabi wurde erst Anfang der 90er-Jahre vom Tourismus entdeckt, obwohl es von Phuket Airport nur ca. zwei Stunden bis Krabi Town sind.** Seit 2006 der internationale Flughafen in Krabi eröffnet wurde, boomt es hier richtig. Die gleichnamige Provinzhauptstadt liegt schön am Krabi River, hat aber keine besonderen Sehenswürdigkeiten zu bieten. Attraktion sind die Strände mit teils spektakulären Kalksteinklippen. Vom Pier in der Stadt fahren Longtails in 30 Minuten zum *Railay Beach*. Sammeltaxis brauchen zum Hauptstrand von *Ao Nang* genauso lange. *www.krabi.com | www.yourkrabi.com | www.gokrabi.com | www.ilovekrabi.com | www.krabitourism.org*

STRÄNDE

AO NANG BEACH

Krabis touristisches Zentrum ist der ca. 2 km lange und sehr flache Strand. Im Mittelteil wird er bei Flut extrem schmal. Hier liegen Longtails wie Sardinen in der Dose nebeneinander (Fahrten nach *Phra Nang, Railay West, Tonsai* zum Festpreis von 80 Baht). Lange Strandpromenade. Der schönste Abschnitt ist der südliche Bereich Richtung Railay Beach. Er bietet aber nur wenig Schatten unter

Büschen und Bäumen (an den Krabi-Stränden stehen keine Sonnenschirme!). *www.aonang.de*

PHRA NANG BEACH ★

Ein Traumstrand: spektakuläre Felsformationen, hohe Klippen, Sand wie frischer Schnee und kristallklares Wasser. Mit 500 m ist er aber auch ziemlich kurz. Sie erreichen ihn nur mit dem Longtail. Jede Menge Tagesbesucher kommen vom 15 Bootsminuten entfernten Ao Nang, die sich auch die *Phra Nang Cave* mit den hölzernen Phalli anschauen. Es gibt nur ein Edelresort. Auf einem Pfad unter überhängenden Felsen sind Sie in fünf Minuten an der schlammigen Flachwasserlagune von *Railay East.* Von dort sind es weitere fünf Minuten Fußweg bis *Railay West.*

RAILAY BEACH

Die Sahneseite des nördlich von Phra Nang gelegenen Nachbarstrands ist *Railay West* (800 m lang) mit ein paar Resorts der gehobenen Kategorie. Auch hierhin kommen Sie nur mit dem Boot (auch direkt von Krabi Town). Raily Beach wird von vielen Tagesgästen besucht. Es gibt mehr und auch billigere Unterkünfte als in Phra Nang Beach. Shops und Lokale finden Sie am Railay East, der zum Baden aber nicht geeignet ist. Trotzdem wird hier permanent gebaut. Die alten Travellerherbergen müssen immer mehr teuren Resorts weichen. *www.krabirailay.com* | *www.railay.com*

Insider Tipp TONSAI BAY ▶▶

Hier treffen sich vor allem Kletterfreaks und Rucksacktraveller. Die zumeist einfachen Unterkünfte liegen im Wäldchen hinterm Beach, es kommen kaum Tagestouristen. Von Railay West ist der Strand durch ein Felsmassiv getrennt (bei Ebbe können Sie durchwaten), von Railay East laufen Sie 20 schweißtreibende Minuten durch den Dschungel.

ESSEN & TRINKEN

Jede Menge Restaurants gibt es am Ao Nang Beach. Seafoodlokale mit Meerblick am Nordende finden Sie vor dem Krabi Resort. Ein perfekter Platz für einen Sundowner ist das fast zugewachsene *Last Cafe* *(€)* am Südende von Ao Nang. Insider Tipp Die Resort-Restaurants am Railay West sind von Tagesgästen überlaufen, günstiger essen Sie in den urigen Kneipen am Railay East. Insider Tipp

EINKAUFEN

In den vielen Shops am Ao Nang gibt's die üblichen Souvenirs, auch alles Notwendige vom Sonnenschutzmittel bis zum Shampoo bekommen Sie dort. Preiswerter kaufen Sie aber in Krabi Town ein. Kleine und teure Supermärkte finden Sie am Railay West und in der Tonsai Bay.

ÜBERNACHTEN

AO NANG GARDEN HOME Insider Tipp

Schlichte Bungalows, die aber zweckmäßig mit Kühlschrank, Ventilator oder Aircon ausgestattet sind. Die 15 Minuten vom Strand entfernte Anlage zeichnet sich aus durch den großen Garten mit altem Baumbestand. *20 Zi. | Ao Nang Beach | Ao Nang Rd. | Soi 13 | Abzweigung zum Betriebsgebäude des Centara Grand Beach Resort | Tel. 075 63 75 86 | €*

Insider Tipp **DIAMOND PRIVATE RESORT**
Hoch auf dem Berg direkt hinterm Beach. Vom Sonnendeck des kleinen Pools und einigen Bungalows (Aircon, TV, Kühlschrank) haben Sie eine tolle Aussicht auf die Bucht von Railay East, von den anderen auf die faszinierende Dschungel-Fels-Landschaft. *28 Zi. | Tel./Fax 075 62 17 29 | www.diamondprivate-railay.com* | €€

KRABI RESORT
Einziges Resort direkt am Hauptstrand von Ao Nang, der hier am nördlichen Ende bei Flut allerdings fast völlig überspült wird. Zimmer in komfortablen Bungalows und zwei Hoteltrakten. Anlage mit viel Grün, Pool. *170 Zi. | Ao Nang | Tel. 075 63 70 30 | Fax 075 63 70 51 | www.krabiresort.net* | €€€

MOUNTAINVIEW RESORT
Einfache, saubere Bungalows mit Ventilator oder Klimaanlage (der Generator für den Strom läuft von abends bis morgens). Im Wäldchen kurz hinter dem Beach. *24 Zi. | Tonsai Bay | Tel./Fax 075 66 07 25 | www.citykrabi.com* | €

RAILAY VILLAGE
Die schönste Anlage am Railay West. Boutiqueresort mit zwei Pools vom Allerfeinsten, 2007 eröffnet. Zimmer in zweistöckigen Gebäuden, Spa-Villas mit eigenem Open-Air-Jacuzzi. *49 Zi. | Railay West | Tel. 075 81 94 12 | Fax 075 81 94 14 | www.railayvillagekrabi.com* | €€€

RAYAVADEE RESORT
Pastellfarbene Bungalows von erlesener Eleganz in atemberaubender Kulisse. Die Anlage zieht sich um ein Felsmassiv herum vom Railay West bis Railay East und Phra Nang. Die teuersten Bungalows mit Pool kosten ab 1000 Euro aufwärts. Aber egal, wie viel Sie bezahlen: Den Strand müssen sie mit Tagesbesuchern teilen. Und auch für die Rayavadee-Gäste gibt's keine Extrawurst (Sonnenschirme) am Beach. *100 Zi. | Railay/Phra Nang Beach | Tel. 075 62 07 40 | Fax 075 62 05 50 | www.rayavadee.com* | €€€

SOMKIET BURI RESORT
Eine Anlage zum Verlieben. Komfortbungalows in einem Tropengarten unter einer schroffen Felswand, ca. 10 Min. zum Strand. *26 Zi. | Ao Nang Beach | Tel. 075 63 79 90 | Fax 075 63 73 20 | www.somkietburi.com* | €€€

FREIZEIT & SPORT

Klettern, Tauchen, Schnorchel- und Kajaktouren sind hier möglich. Viele Diveshops und Tourveranstalter gibt es am Ao Nang. Sie bieten Schnorcheltrips zu vorgelagerten Inseln wie *Ko Poda* und *Chicken Island* mit Longtails zu Festpreisen an (Details auf der Infotafel am Ao Nang bei den Seafood-Restaurants). Kletterschulen finden Sie in der Tonsai Bay und am Railay East.

AM ABEND

In den wenigen Bierbars am Ao Nang schläft das Nachtleben auch in der Hochsaison meist schon vor Mitternacht ein. Am Railay East trifft man sich z.B. in der *Gecko Bar,* die als Kulisse für einen Hippiefilm dienen könnte. Am besten in Partylaune kommt die Szene in den Bars der Tonsai-Bucht.

AUSKUNFT

TOURISM AUTHORITY OF THAILAND (TAT)

Uttarakit Rd. | Krabi Town | am Ufer des Krabi River oberhalb der Bootsanlegestelle | Tel. 075 62 21 63

ZIELE IN DER UMGEBUNG

SUSAN HOI [116 C4]

Der Muschelfriedhof an der Küste etwa auf halbem Weg zwischen Krabi Town und Phra Nang gilt als eine der bedeutendsten Sehenswürdigkeiten im Süden Thailands. Aber wer nicht weiß, dass hier Millionen Jahre alte, versteinerte Muscheln abgelagert sind, könnte auch glauben, dass hier Bauschutt herumliegt. Wenn Sie von Krabi Town mit dem Longtail nach Railay fahren, kommen Sie am Susan Hoi vorbei.

WAT TAM SUA [116 C4]

Der „Tempel der Tigerhöhle" 6 km außerhalb von Krabi Town am Highway Nr. 4 in Richtung Trang ist ein sehenswerter Komplex. Am besten nehmen Sie ein gechartertes Songtaeo (Pick-up, auf dessen Pritsche zwei Bänke verankert sind, inklusive Wartezeit ca. 8 Euro). Der Tempel ist am Fuß eines schmalen Kalksteinmassivs gebaut und teilweise in eine Höhle integriert. Jeden Schweißtropfen wert ist der Aufstieg zum Gipfel (etwa 300 m hoch). Es geht über 1237 extrem steile Treppenstufen hinauf. Oben angekommen, erwartet Sie ein „Fußabdruck Buddhas" und ein herrlicher Weitblick auf Krabi und die ganze Küste.

Insider Tipp

Wer den Wat Tam Sua besucht, sollte bis zum Gipfel des Massivs steigen

> SCHÄTZE IM LANDESINNEREN

Durch eine wildromatische Berg- und Dschungellandschaft, vorbei an Tempeln, Höhlen und einem Pfahldorf

Die Touren sind auf dem hinteren Umschlag und im Reiseatlas grün markiert

1 INSELTOUR RUNDUM UND QUERBEET

Bei einer Rundfahrt um die Insel erleben Sie stille Dörfer und Dschungel, sehen Fischer und Reisbauern bei der Arbeit, fahren durch Gummiplantagen und über leere Straßen und staunen über viel unberührte Natur. Die etwa 120 km lange Strecke (Ausgangs- und Endpunkt Phuket Town) lässt sich mit allen Stopps gut an einem Tag bewältigen.

Bild: Bucht von Phang Nga

Start ist am frühen Morgen in **Phuket Town** *(S. 62)*. Auf dem Highway 402 geht es Richtung Norden. Unmittelbar vor dem **Heroines Monument** *(S. 34)* auf einer Insel mitten in der Straße zweigt die 4027 rechts ab. Nach dem **Thalang National Museum** *(S. 34)* auf der rechten Seite lässt der Verkehr merklich nach. Phuket zeigt sich von seiner grünsten Seite. Erst recht, wenn man dem Wegweiser zum **Bang-Pae-Wasserfall** folgt, der zwar nur

AUSFLÜGE & TOUREN

in der Regenzeit viel Wasser führt, aber in einer schönen Dschungellandschaft rauscht. Hier ist der hintere Eingang des Schutzgebietes **Kao Phra Thaeo** *(S. 34)*, wo die Crew der Auswilderungsstation des *Gibbon Rehabilitation Centre* Menschenaffen auf ein Leben in Freiheit vorbereitet. *www.gibbonproject.org*

Zurück auf der Hauptstraße, erreichen Sie nach knapp 2 km das Dörfchen **Bang Rong**, an dessen Pier Sie Longtails für Touren in die Bucht von **Phang Nga** *(S. 70)* chartern können. Der Tagespreis von 4000 Baht ist allerdings recht hoch. In Bang Rong zweigt rechts ein Sträßchen ab nach **Ao Po**, eine kleine Siedlung an der gleichnamigen Bucht. Auch hier können Longtails gemietet werden, z.B. für etwa 1500 Baht (retour), um in 20 Minuten zur **Pearl Farm** auf **Ko Naka Noi** mit ihrem schönen Sandstrand hinüberzutuckern. Eine übers Reisebüro gebuchte organisierte Tour kostet ca. 1200 Baht. Von Ao Po geht's zurück landeinwärts und auf der 4027 weiter nordwestlich, bis die Straße nach 13 km im Dorf **Muang Mai** wieder in den Highway 402 mündet. Nach weiteren 4 km Richtung Norden zweigt links eine Straße ab zum **Mai Khao Beach** *(S. 42)* und zum **Sirinat National Park** *(S. 45)*.

Erkunden Sie den faszinierenden Mangrovendschungel! Zurück auf dem Highway, nehmen Sie diesmal die Abzweigung zum Flughafen, lassen den Airport rechts liegen und machen erst wieder am **Nai Yang Beach** *(S. 44)* halt. An einer der Strandbuden können Sie ein Stück frische Ananas kaufen. Dann weiter nach Süden, vorbei an Gummibaumplantagen, Phukets letzten Reisfeldern und sumpfigen Wiesen.

Kurz hinter der Ortschaft **Sakhu** gabelt sich die Straße. Die rechte Spur führt zum wenig besuchten Strand von **Nai Thon** *(S. 43)*. Noch schöner ist die Bucht von **Nai Thon Noi Beach** einen Kilometer weiter. Am schneeweißen Strand schmiegt sich das Edelresort **Andaman White Beach Resort** *(50 Zi. | Tel. 076 31 63 00 | Fax 076 31 63 99 | www.andamanwhitebeach.com | €€€)* an den Fuß eines grünen Hügels. Ebenfalls ein Fest fürs Auge ist nach einem weiteren Kilometer die Bucht von *Hin Kruai* (Insider Tipp). Das kleine, verwilderte Paradies ist zwar in Privatbesitz, aber ein Trampelpfad führt zum Traumstrand, wo Sie sich in der einzigen Strandkneipe erfrischen können.

Wieder landeinwärts durch eine sanfte, grüne Hügellandschaft, mündet die Straße in die 4030 und nach 10 km in der Ortschaft **Thalang** wieder in den Nord-Süd-Highway. Von hier aus könnte man zum Nationalpark **Kao Phra Thaeo** *(S. 34)* fahren, dessen westlicher Eingangsbereich mit einem kleinen Teich sehr schön angelegt ist und sich gut für Spaziergänge eignet. Auf jeden Fall sollten Sie die beiden Tempel **Phra Nang Sang** und **Phra Thong** *(S. 35)* besichtigen.

Von Thalang aus geht es auf dem Highway zurück nach Phuket Town. Die landschaftlich viel schönere Strecke gen Süden führt aber nicht über die 402, sondern zurück über die 4030 auf die 4025 und weiter auf die Küstenstraße. Am **Patong Beach** *(S. 46)* führt die 4029 nach Osten und zurück nach Phuket Town.

2 IN DEN SÜDEN THAILANDS

Diese Festlandroute für Entdeckungsfreudige führt durch die schönsten Landschaften Südthailands. Sie erkunden per Boot die phantastische Inselwelt der Bucht von Phang Nga, fahren mit dem Mietwagen auf gut ausgebauten Straßen durch einsame Dschungelgebiete und laufen an langen Stränden. Die Strecke ist nur wenig über 300 km lang, aber mit Übernachtungen können Sie drei bis vier Tage einplanen.

Über die Sarasin-Brücke führt der Highway 402 aufs Festland und trifft in **Khok Kloi** auf den Highway 4, den Sie Richtung *Phang Nga* fahren. 30 km hinter Khok Kloi zweigt nach links ein Sträßchen zum schön gelegenen Kloster **Wat Suwan Khuha** und der Höhle *Tham Yai* (Insider Tipp) mit vielen Buddhastatuen ab. Zurück auf dem Highway, biegen Sie 3 km vor Phang

Nga Town rechts ab zum Pier von **Tha Dan** und zum **Phang Nga Bay Resort** *(S. 70)*. Von hier aus können Sie auf eigene Faust diese herrliche Bucht mit Mangrovendschungel, Kalksteinbergen und Höhlen erkunden. Unterkunft finden Sie im sehenswerten Muslimpfahldorf **Ko Pannyi** in den Insider Tipp einfachen, aber netten Sayan Bungalows bei der Familie von Yaowapa *(Kontakt über Sayan Tour | Phang-Nga-Busbahnhof | Tel. 076 43 03 48 | www.sayantour.com)*.

Am nächsten Tag geht es weiter auf dem Highway 4. Bei **Bang Ba** zweigt die Straße 4090 nach links Richtung **Takua Pa** ab. Nach 50 km durch eine wildromantische Berg- und Dschungellandschaft kommen Sie östlich von Takua Pa auf den Highway 401 Richtung **Surat Thani**. Nach einer Viertelstunde taucht links an der Straße das Schild des ★ *Khao Sok National Park (www.khaosok.com)* auf. Dieser Park ist mit 646 km² das größte Dschungelgebiet in Südthailand. Übernachten können Sie z. B. im rustikalen **Rainforest Resort** *(12 Zi. | Tel. 077 39 51 35 | www.krabidir.com/khaosokrainforst | €)*. Sehr schön liegen auch die Bungalows und Baumhäuser von **Our Jungle House** *(13 Zi. | Tel. 08 99 09 68 14 (Klaus), http://krabidir.com/ourjunglehouse | €)*. Die Resorts bieten Kanutouren und Dschungeltrekking an. Ein be- Insider Tipp sonderer Spaß ist Tubing – im Lastwagenschlauch gemächlich den **Sok River** hinabgondeln.

Auf dem Rückweg nach Phuket (Fahrzeit ca. zwei Stunden) fahren Sie südlich des Provinzstädtchens **Takua Pa** auf dem Highway 4 an den endlosen Stränden von **Khao Lak** vorbei.

Ein Naturschauspiel: der Wasserfall im Nationalpark Kao Phra Thaeo

Dieses Gebiet wurde vom Tsunami am schlimmsten von allen Regionen Südthailands verwüstet. Davon sehen Sie heute nichts mehr. Viele neue Resorts und Hotels warten auf Gäste. *www.khaolak.de | www.mykhaolak.de*

Eine schöne Sicht aufs Meer, Sandstrände und Dschungelberge haben Sie vom **Khao Lak View Restaurant**, direkt am Highway, der sich am Südende des Strandes einen Berg hinaufwindet. Von hier sind es 75 km Richtung Süden zurück nach Phuket.

EIN TAG AUF PHUKET

Action pur und einmalige Erlebnisse.
Gehen Sie auf Tour mit unserem Szene-Scout

STARKER START

9:00

Mit einem Frühstück neben einer Gummibaumplantage im Einheimischen-Lokal *Roti House* starten Sie in den Tag. Würziger Tee und *roti*, dünne knusprige Teigfladen, die mit einer milden Currysoße besonders lecker schmecken, eröffnen völlig neue Frühstücksdimensionen. Wer es noch herzhafter mag, bestellt *mataba*. Am offenen Herd bruzzelt diese Art Pfannkuchen, gefüllt mit Rindfleisch oder Gemüse. Das gibt Power für den ganzen Tag. **WO?** *Distrikt Rawai, 81/6 Soi Samakee, Abzweigung der Straße von Nai Harn Richtung Kata Beach.*

10:00

BEI BUDDHA

Jetzt rauf auf den Berg und etwas fürs Karma tun. Thailands höchster Buddha ragt 45 m in den Himmel, ist aber noch nicht ganz fertig. Der Bau wird nur mit Spenden finanziert. Für 300 Baht darf man seinen Namen auf eine Marmorplatte schreiben und sich als Buddha-Erbauer verewigen. **WO?** *Chalong, ausgeschilderte Abzweigung von der Bypass Rd. Richtung Airport | www.mingmongkolphuket.com*

KUNSTVOLL ESSEN

12:30

Lunch de luxe im stylishen *Phuket 346*. Das ehemalige portugiesische Handelshaus wurde vor Kurzem renoviert. Hier schmecken Krabbenkuchen, gefüllter zehnarmiger Tintenfisch und gebackenes Schweinefilet mit Ingwer, Soja und frischen Kräutern einfach göttlich gut. Im ersten Stock wartet nach dem grandiosen Mahl ein ganz besonderes Dessert fürs Auge: Hier stellen junge thailändische Künstler ihre aktuellen Werke aus. Total inspirierend! **WO?** *346 Phuket Rd., Phuket Town | Tel. 076 25 61 28 | www.phuket346.com*

24h

BEACHBALL MAL ANDERS

15:00

Auf geht's zum trendigsten Sport der Insel – zum *Tra-Kor*! Am Patong Beach trifft sich die Szene zum Match drei gegen drei. Worum's geht? Um einen Rattanball, der mit den Füßen über ein Volleyballnetz befördert werden muss. Klingt lustig und ist es auch. Kontakte kann man dabei ebenfalls knüpfen: Spontanes Mitspielen ist ausdrücklich erwünscht! **WO?** *Überall am Patong Beach*

17:00

DUFTEND RELAXEN

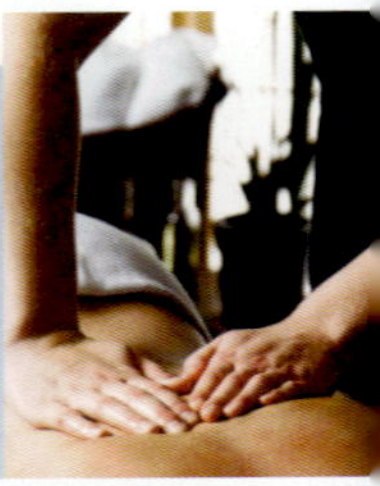

Entspannen mit allen Sinnen, bei einer ausgedehnten Kräutermassage im *Cheraim Spa Village*. Der Duft der Kräuteröle entfaltet sich sofort, fachkundige Hände sorgen für wohlig-warme Entspannung. Der pure Luxus! Wer Lust hat, bucht gleich danach noch eine Typberatung. **WO?** *16 Wichitsongkram Rd., Wichit | Tel. 076 24 96 70 | Für eine oder zwei Stunden buchbar | Kosten: ca. 500 Baht/Std. | www.cheraimspavillage.com*

ROMANTIKDINNER

20:00

15 Minuten von Phuket Town entfernt wartet das nächste Highlight: ein Dinner mit Sonnenuntergang. Auf der Terrasse des *Sripanwa Hotels* superfrisches Seafood, z.B. scharf angebratenen Zackenbarsch mit Limonengras-Weißwein-Sauce, genießen und dabei den Blick in die Ferne schweifen lassen. Hotspot für Romantiker! **WO?** *Sripanwa, 8 Sakdidej Rd. | Tel. 07 63 37 10 00 | www.sripanwa.com*

23:00

NIGHTSPOT

Dance til you drop in einer der beliebtesten Nightlifelocations von Phuket: Das *Tai Pan* ist nicht nur eine riesige Disko, sondern auch für seine regelmäßigen Livekonzerte berühmt. Abtanzen, mitsingen und feiern bis in die Morgenstunden! **WO?** *Rat Uthit Rd./Bangla Rd. | Patong*

> VOM DSCHUNGELGRÜN IN DIE BLAUE TIEFE

Die Inselwelt Südthailands ist ein Paradies für Aktivurlauber – von sportlich bis abenteuerlich

> Wenn Sie Ihren Urlaub sportlich angehen wollen, sind Sie hier am richtigen Platz. Aktivurlauber können Walhaien in die Augen schauen, auf Elefantenrücken durch den Urwald schaukeln, Wasserski fahren und im Kanu durch eine faszinierende Inselwelt paddeln.

Die meisten der nachfolgend genannten Veranstalter bieten eine ganze Reihe unterschiedlichster Touren an. Buchung über die Websites oder über Reisebüros vor Ort.

Bild: Kanutour im Khao Sok National Park

DSCHUNGELTOUREN

Auf Phuket ist nur noch ein Rest von Urwald zu sehen: das *Schutzgebiet Kao Phra Kaeo* im Nordosten. Aber nur zwei Autostunden nordöstlich von Phuket, im *Khao Sok National Park (www.khaosok.com)*, streifen noch Tiger und wilde Elefanten durch ein riesiges Dschungelgebiet. Auch wenn Sie die großen Tiere vermutlich nicht zu Gesicht bekommen werden, ist eine Tour durch den Dschungel zu

SPORT & AKTIVITÄTEN

Fuß, auf dem Elefantenrücken oder mit dem Kajak ein unvergessliches Erlebnis. Veranstalter: *Phuket Tours (www.phuket-travel.com)* | *Phuket Safari (www.phuket-safari-travel.com, auf deutsch)* | *Siam Safari (www.siamsafari.com)*.

GOLF

Mit sieben Plätzen hat sich Phuket zu Thailands Topdestination für den internationalen Golftourismus entwickelt. Die Greenfee beträgt ab ca. 90 Euro. Die Caddies sind auf Phuket (wie in ganz Thailand) weiblich. Arrangements zu ermäßigten Greenfees bieten an: *Golf Orient (www.golforient.com)* | *Phuket Golf (www.phuket-golf.com)* | *Phuket Golf Master (www.phuketgolf.net)*.

KANUTOUREN

Die Bucht von Phang Nga östlich von Phuket ist ein traumhaftes Revier für

Kanufreunde. Einen Höhepunkt bilden dort die Höhlen *(hong)*, in die man nur bei Ebbe hineinpaddeln kann. Faszinierend sind auch Kanutouren auf den Gezeitenflüssen und in den Mangrovenwäldern von Krabi und auf dem Stausee im Khao Sok National Park. *Krabi Tours (www.krabi-travel.com) | Paddle Asia (www.paddleasia.com) | Sea Canoe Thailand (www.seacanoe.net) | Sea Cave Canoe (www.seacavecanoe.com) | Sea Kayak Krabi (www.seakayak-krabi.com)*

KLETTERN

In den Kalksteinmassiven an Land und auf den Felseninseln in der Provinz Krabi hangeln Kletterer aus aller Welt. Treffpunkte sind der *Railay Beach* und die benachbarten *Tonsai Bay*, wo sich mehrere Kletterschulen angesiedelt haben. Auch auf *Ko Phi Phi* können Sie steile Wände erklettern. Ein Tageskurs kostet ca. 50 Euro. Infos: *www.railay.com | http://krabidir.com/phiphiclimbers*

MOUNTAINBIKING

Auf zwei Rädern über Stock und Stein zu fahren ist ein noch junger Sport auf Phuket. Touren können Sie in Reiseagenturen buchen oder direkt bei den Veranstaltern: *Action Holidays Phuket (www.biketoursthailand.com) | Siam Bike Tours (www.siambiketours.com)*. Auch *Sea Canoe Thailand (www.seacanoe.net)* hat Mountainbiketouren im Angebot.

SCHWIMMEN & SCHNORCHELN

Auf Phuket wie an allen Stränden in Südthailand gilt: In der Regenzeit zwischen Mai und September kann Schwimmen lebensgefährlich sein. Jedes Jahr ertrinken Urlauber, die von tückischen Strömungen hinausgezogen werden. Falls Sie von einer Strömung erfasst werden, sollten Sie keinesfalls panikartig dagegen anschwimmen (das erschöpft völlig in ein, zwei Minuten), sondern versuchen, seitlich herauszukommen. Schnorchler finden auf Phuket am *Kata Beach* und in der Bucht von *Ao Sane* noch Korallen in Ufernähe. Bessere Schnorchelgründe finden Sie z.B. vor *Ko He* (Coral Island) und *Ko Raya*, exzellente Schnorchelgründe vor *Krabi*, rings um *Ko Phi Phi* und südlich von *Ko Lanta*.

SEGELN

Die Inselwelt der Andamansee ist ein Dorado für Segelsportler. Mehrere Charterveranstalter und Yachtverleiher bieten ihre Dienste an. Tagescharter ohne Skipper ab etwa 350 Euro. Einige Segler nehmen gegen Bezahlung auch Passagiere mit auf große Fahrt bis nach Europa oder auf einen Törn durch die Inselwelt zwischen Phuket und Langkawi in Malaysia. Ihre Offerten pinnen sie an Restaurantwände. Die besten Chancen zur Kontaktaufnahme haben Sie in der Bucht von Chalong und am Nai Harn Beach/Ao Sane. Dort gehen die meisten Yachten, die Phuket anlaufen, vor Anker. *Asia Marine (20/7 Thepkrasattri Rd. | Phuket Boat Lagoon | Tel. 076 23 91 11 | Fax 076 23 89 74 | www.asia-marine.net)*; *Phuket Sailing (20/28, Soi Suksan 2, Rawai, Fax 076 28 96 56, www.phuket-sailing.com)*; *Sunsail Thailand (Thepkrasattri Rd. | Phuket Boat*

Insider Tipp

SPORT & AKTIVITÄTEN

Lagoon | Tel. 08 99 09 69 59 | www.sunsailthailand.com); Thai Marine Leisure (22/1 Thepkrasattri Rd. | Phuket Boat Lagoon | Tel. 076 23 91 11 | Fax 076 27 33 20 | www.thaimarine.com)

TAUCHEN

Die Andamansee rund um Phuket ist weltweit eines der besten Tauchreviere. Bei Sichtweiten bis zu 30 m können Sie riesigen (und harmlosen) Walhaien in die Augen schauen oder konfettibunte Korallenfische bewundern. Ein Highlight sind die Tauchgründe bei den unbewohnten Similan-Inseln nördlich von Phuket. Noch nicht so bekannt, aber ebenfalls ein exzellentes Revier sind die Gewässer bei den Insider Tipp Ko Surin nördlich von Similan. Vor allem beim Unterwasserfelsen *Richelieu Rock* ist die Chance groß, dass Sie Walhaie und Rochen zu Gesicht bekommen.

Schon in burmesischem Gewässer liegen die mit Korallen besetzten Insider Tipp Unterwasserfelsen der Burma Banks 165 km nordwestlich der Similan-Inseln. Hier entdecken versierte Taucher noch wirklich Neuland unter Wasser sowie viele Riff- und Hochseehaie. Aber auch nur eine Bootsstunde von Phuket entfernt, rund um die Phi-Phi-Inseln und noch weiter südlich in der Inselwelt bis hinunter zur malaysischen Grenze, erwartet Sie eine artenreiche Fauna und Flora unter Wasser.

Beste Tauchzeit ist von Januar bis April. Eine eintägige Ausfahrt mit zwei Tauchgängen kostet etwa 70 Euro, eine viertägige Tauchreise nach Similan/Surin ca. 600 Euro. Für eine Tauchausbildung (3–4 Tage) müssen Sie mit rund 300 Euro rechnen. Tauchschulen finden Sie auf Phuket, Phi Phi, Lanta und in Krabi *(www.tauchbasen.net)*. Links zu Tauchveranstaltern auch auf der Webseite der staatlichen Tourismusbehörde: *www.thailandtourismus.de*.

Unterwasserwelt in der Andamansee: eines der besten Tauchreviere weltweit

> KINDER ERWÜNSCHT!

Phuket ist längst zu einem Urlaubsparadies für die ganze Familie geworden

> Die Chance, dass Ihre Kinder einen Spielkameraden finden, ist in Thailand nirgendwo größer als auf Phuket. Denn hier verbringen besonders viele Familien ihren Urlaub.

Die Strände Phukets sind für Kinder ein riesiger Sandkasten. Aber nicht alle sind gleichermaßen geeignet. Der belebte Patong Beach ist im Mittelteil einfach zu voll gestellt mit Liegestühlen und Schirmen. Ziehen Sie sich an den weniger überlaufenen nördlichen und südlichen Abschnitt zurück. Wesentlich ruhiger geht es an den Stränden von Bang Tao, Nai Harn, Kata, Kata Noi und Karon zu. Zum Baden nicht für Kinder geeignet ist die Bucht von Ao Sane. Korallen und scharfkantige Felsen stellen ein Verletzungsrisiko dar.

Wenn es am Strand einmal langweilig werden sollte, können Kinder z.B. einen Elefantenritt unternehmen oder einer Runde Minigolf bei Dino-

Bild: Kata Noi Beach

MIT KINDERN UNTERWEGS

sauriern spielen. Thailand ist weltweit einer der größten Produzenten von Kinderkleidung, die hier im Vergleich zu Europa spottbillig ist.

DIE WESTKÜSTE

DINO PARK, KARON BEACH ★ [114 A4]

Mächtige Saurier reißen ihr zähnestarrendes Maul auf, und wenn's dunkel wird, speit sogar ein Vulkan Feuer. Natürlich alles künstlich. Das urzeitliche Phantasieland ist eine Minigolfanlage – nicht nur für Kinder ein Riesenspaß! *Tgl. 10–24 Uhr | Eintritt 240 Baht, Kinder 180 Baht | Karon Rd. | auf dem Hügel zwischen dem Kata und Karon Beach beim Resort Marina Cottage | Tel. 076 33 06 25 |* www.dinopark.com

ELEFANTENTREKKING [114 A2–4]

Elefanten waren schon lange ausgestorben auf Phuket. Der Tourismus hat sie zurückgebracht. Rund 30

Elefantencamps finden Sie auf der Insel. Besonders konzentriert im südlichen Teil, z.B. entlang der Verbindungsstraßen zwischen Patong Beach und Karon Beach sowie zwischen Kata Beach und der Bucht von Chalong.

Kinder lieben die grauen Riesen und dürften an einem Elefantenritt durchs Gelände ihre Freude haben. Zwar ist der Boom im Elefantentrekking auf Phuket nicht unproblematisch, da einige Halter eher am schnellen Baht als am Wohlbefinden ihrer Tiere interessiert sind. Manche lassen die Elefanten zu lange in der prallen Sonne stehen, füttern und tränken sie nicht genug oder gönnen ihnen zu wenige Ruhepausen. Trotzdem sieht die Elefantenhilfsorganisation *Elephant Help Foundation* den Tourismus insgesamt positiv, gibt er doch den *Mahouts,* den Besitzern und Reitern, die Möglichkeit, Geld zu verdienen, das letztendlich auch den Elefanten selbst zugute kommt.

Insider Tipp

QUEST LAGUNA ADVENTURE [112 B2]

Ein Dschungelgelände als Abenteuerspielplatz wartet am Bang Tao Beach auf Schwindelfreie. Hier machen sich oft Manager fit, aber in der *Family Fun Zone* können auch Kids ab 6 Jahren Klettern lernen oder (angeseilt) in den Baumkronen herumturnen. *2 Std. 500 Baht, ab 12 Jahren 800 Baht | Laguna Beach Resort | Bang Tao Beach | Tel. 076 31 42 53 | www.lagunaphuket.com/quest*

SPLASH JUNGLE, MAI KHAO BEACH [110 B2]

Von Dschungel ist zwar nichts zu sehen, aber Spritzer gibt's genug in diesem 2010 eröffneten Wasserpark. Hauptattraktionen sind die 335 m lange Rutsche, der Pool mit Wellenmaschine und das Wasserkarussell *(Super Bowl). Tgl. 10–18 Uhr | Eintritt 1795 Baht, Kinder 1050 Baht | Resort West Sands | Mai Khao Beach | Tel. 076 37 21 11 | www.splashjunglephuket.com*

SÜD- UND OSTKÜSTE

Insider Tipp

PHUKET RIDING CLUB, CHALONG [114 C4]

Auch Kinder dürfen sich hier auf den Sattel schwingen und durch Gummibaumplantagen oder runter zum Mittrapab Beach traben. Ein Begleiter reitet mit. *Tgl. 7–18.30 Uhr | pro Stunde 650 Baht | Viset Rd. | Straße nach Rawai, ca. 1,5 km südlich vom Kreisel) | Chalong | Tel. 076 28 82 13*

SIAM SAFARI, CHALONG [114 C4]

Der mehrfach ausgezeichnete Veranstalter hat einiges im Programm, was auch Kindern Spaß macht, wie z.B. Landroverfahrten, Kanutouren oder Elefantenreiten. Wie geschickt Affen Kokosnüsse pflücken, können Sie gleich beim Hauptquartier von Siam Safari sehen. *Hauptquartier tgl. 9 bis 17 Uhr | 45 Chao Fa Rd. | Umgehungsstraße zum Flughafen nördl. vom Kreisverkehr | Chalong | Tel. 076 28 01 16 | Fax 076 28 01 07 | www.siamsafari.com*

PHUKET TOWN

BUTTERFLY GARDEN & INSECTARIUM [115 D2]

In einem tropischen Garten flattern über 40 Arten von Schmetterlingen. Nicht weniger interessant sind die anderen Insekten, darunter welche, die aussehen wie Blätter oder wie Holzstöckchen. In einer begehbaren Voliere zwitschern bunte Tropenvögel. Im *Silk Museum* erfahren Sie alles über die Seidenraupen und die Herstellung des glänzenden Stoffes. *Tgl. 9–17 Uhr | Eintritt 300 Baht, Kinder 150 Baht | am nördlichen Stadtrand; Anfahrt vom Zentrum über die Yaowaraj Rd. oder vom Patong Beach kommend über die Straße zum Airport (ausgeschildert). | Tel. 076 21 08 61 | www.phuketbutterfly.com*

ZIELE UM PHUKET

KRABI UND KO LANTA [116–117 C4, D6]

Auch diese beiden Ziele entwickeln sich immer mehr zu Familiendestinationen. Organisiertes Vergnügen für die Kleinen ist allerdings rar. In Krabi dürften die Kids Spaß haben, wenn Papa oder Mama das Kayak paddeln und sie vorne sitzen dürfen. Elefantentrekking bieten viele Reisebüros an. Am *Ao Nang* finden Sie eine Minigolfanlage hinter der Foodplaza gegenüber Krabi Resort *(tgl. 16–22 Uhr | Eintritt 100 Baht, Kinder 70 Baht)*.

Auf der Insel Lanta ist neben Elefantenreiten vor allem der breite und flache *Klong Dao Beach* ein Spaß für die Kleinen. Bevor Sie mit Kindern zum Insel-Hüpfen aufbrechen, denken Sie daran: Schwimmwesten für Kleinkinder hat kaum jemand an Bord. Die bekommen Sie am ehesten in den großen Supermärkten wie *Tesco Lotus* oder *Big C* in Phuket und Krabi. Nicht ganz ungefährlich bei etwas höheren Wellen ist vor Ko Jum das Umsteigen von den großen Fährbooten auf Longtails.

Elefantenshow: Erst der Tourismus hat die grauen Riesen auf Phuket zurückgebracht

> VON ANREISE BIS ZOLL

Urlaub von Anfang bis Ende: die wichtigsten Adressen und Informationen für Ihre Phuketreise

ANREISE

Die Chartergesellschaft Condor *(www.condor.com)* fliegt von Frankfurt nach Phuket. Air Berlin *(www.airberlin.com)* bietet Phuket-Flüge ab Berlin und München an. Thai Airways *(www.thaiair.com)* fliegt ab Frankfurt, München, Zürich mit Zwischenlandung in Bangkok nach Phuket und Krabi. Lufthansa *(www.lufthansa.com)* sowie viele andere Airlines fliegen Bangkoks internationalen Flughafen Suvarnabhumi an. Günstige Flüge finden Sie im Internet z.B. unter *www.fliegen.de*, *www.billigflug.de* oder *www.opodo.de*. Von Bangkok geht es weiter mit Thai Airways nach Phuket und Krabi (Kosten: jeweils ca. 80 Euro). Air Asia *(www.airasia.com)* fliegt diese beiden Ziele billiger an (für jeweils ca. 35 Euro). Bangkok Airways *(www.bangkokair.com)* fliegt für ca. 55 Euro von Bangkok nach Phuket. Die Flugpreise können je nach Saison und Uhrzeit des Abfluges erheblich schwanken.

In den Flughäfen von Phuket und Krabi können Sie Mietwagen leihen oder sich mit dem Limousinenservice zu Festpreisen an Ihren Bestimmungsort fahren lassen. Am günstigsten kommen Sie auf Phuket mit den Meter-Taxis vom Flughafen weg. Der Taxistand befindet sich vor der Ankunftshalle.

> WWW.MARCOPOLO.DE

Ihr Reise- und Freizeitportal im Internet!

> Aktuelle multimediale Informationen, Insider-Tipps und Angebote zu Zielen weltweit ... und für Ihre Stadt zu Hause!

> Interaktive Karten mit eingezeichneten Sehenswürdigkeiten, Hotels, Restaurants etc.

> Persönliche Merkliste: Speichern Sie MARCO POLO Tipps, ergänzen Sie Ihre Notizen und drucken sie für die Reise aus!

> Inspirierende Bilder, Videos und Reportagen aus fernen Ländern und quirligen Metropolen!

> Bewertungen, Tipps und Beiträge von Reisenden in der lebhaften MARCO POLO Community: *Jetzt mitmachen und kostenlos registrieren!*

> Praktische Services wie Routenplaner, Event-Kalender und Fotoservice mit MARCO POLO Reisefotobüchern!

> Gewinnspiele mit attraktiven Preisen!

Abonnieren Sie den kostenlosen MARCO POLO Newsletter ... wir informieren Sie 14-täglich über Neuigkeiten auf www.marcopolo.de

> MARCO POLO speziell für Ihr Handy! Zahlreiche Informationen aus den Reiseführern, Stadtpläne mit 100 000 eingezeichneten Zielen, Routenplaner und vieles mehr: *mobile.marcopolo.de* (auf dem Handy); *www.marcopolo.de/mobile* (Demo und mehr Infos auf der Website)

PRAKTISCHE HINWEISE

AUSKUNFT

THAILÄNDISCHES FREMDENVERKEHRSAMT

– Bethmannstr. 58 | 60311 Frankfurt | Tel. 069/138 13 90 | Fax 13 81 39 50 | www.thailandtourismus.de

Die Repräsentanz in Wien *(Heumühlgasse 3 | Tel. 01/585 24 20 | www.tourismusthailand.at)* kann nach telefonischer Ankündigung besucht werden. Die Repräsentanz in Bern *(Tel. 031/300 30 88 | www.tourismthailand.ch)* ist nicht auf Publikumsverkehr eingestellt. Über beide Websites können aber Broschüren bestellt werden.

TOURISM AUTHORITY OF THAILAND (TAT)

Einen Infoschalter gibt es am Flughafen. Das Büro der TAT in Phuket Town betreut auch die Provinzen Phang Nga und Krabi. *191 Thalang Rd. | Tel. 076 21 10 36, Tel. 076 21 22 13 | Fax 076 21 35 82 |*

BANKEN & KREDITKARTEN

Banken wechseln Reiseschecks in Dollar, Euro, Franken *(Mo–Fr 8.30 bis 15.30 Uhr, Wechselschalter tgl., oft bis 22 Uhr)*. Bei Kreditkarten verlangen viele Geschäfte einen (nicht korrekten!) Aufschlag. Mit Kreditkarten bekommen Sie auch Bargeld (Reisepass!), einfacher ist es an Geldautomaten (ATM, Geheimnummer eingeben). Visa und Mastercard werden von allen Banken akzeptiert. Mit der EC-Karte können Sie Geld aus vielen Automaten mit dem Maestro-Zeichen ziehen. Filialen der Bangkok Bank akzeptieren auch American Express. Pro Bargeldabhebung müssen Sie eine Gebühr von 150 Baht bezahlen. Bei Verlust sollten Sie die Karte unbedingt im Heimatland sperren lassen.

WAS KOSTET WIE VIEL?

> **BIER**	**1,60 EURO** für eine Flasche (0,3 l) im Lokal
> **JEANS**	**20 EURO** Markenware im Kaufhaus
> **MASSAGE**	**8 EURO** am Strand
> **SUPPE**	**70 CENT** für eine Nudelsuppe in der Garküche
> **BENZIN**	**60 CENT** für einen Liter Super
> **ANANAS**	**25 CENT** für eine ganze Frucht

DIPLOMATISCHE VERTRETUNGEN

DEUTSCHE BOTSCHAFT

9, Sathorn Tai Rd. | Bangkok 10120 | Tel. 022 87 90 00 | Fax 022 87 17 76 | Mo–Fr 8–12 Uhr | www.bangkok.diplo.de

DEUTSCHES HONORARKONSULAT

9 Chalermprakiat Rd. (Bypass Rd.) | Phuket | Tel. 076 61 04 07 | Fax 076 61 04 08 | Mo–Fr 9–13 Uhr | www.deutscheskonsulatphuket.com

ÖSTERREICHISCHE BOTSCHAFT

14 Soi Nandha | Sathorn Tai Rd. | Bangkok 10120 | Tel. 023 03 60 57 | Fax 023 03 62 69 | Mo–Fr 9–12 Uhr | www.bmeia.gv.at

ÖSTERREICHISCHES HONORARKONSULAT

2 Moo 4 | Wirathongyok Rd. | Phuket | Tel. 076 24 83 34 | Fax 076 24 83 37 | Di, Mi, Fr 10–12 Uhr | phummisak@anuphas.co.th

SCHWEIZER BOTSCHAFT

35 North Wireless Rd. | Bangkok 10330 | Tel. 026 74 69 00 | Fax 026 74 69 01 | Mo–Fr 9–11.30 Uhr | www.eda.admin.ch/bangkok

EINREISE

Aufenthalt bis zu 30 Tagen ohne Visum möglich (Pass mindestens noch sechs Monate gültig). Ein Touristenvisum für 60 Tage kostet 30 Euro (Antragsformulare von den Botschaften oder unter *www.thaiembassy.de*). Wer seinen Aufenthalt überzieht, muss bei der Ausreise ab dem zweiten Tag 500 Baht/Tag bezahlen.

VERTRETUNGEN THAILANDS FÜR DIE VISABESCHAFFUNG

– Königlich-Thailändische Botschaft: Lepsiusstr. 64–66 | 12163 Berlin | Tel. 030/79 48 10 | Fax 79 48 15 11 | www.thaiembassy.de

– Königlich-Thailändische Botschaft: Cottagegasse 48 | 1180 Wien | Tel. 01/47 83 33 35 | Fax 478 29 07 | www.thaiembassy.at

– Königlich-Thailändische Botschaft: Kirchstr. 56 | 3097 Bern-Liebefell | Tel. 031/970 30 30 | Fax 970 30 35 | www.thaiembassy.org/bern

GESUNDHEIT

Impfungen sind nicht vorgeschrieben. Leitungswasser sollten Sie nicht trinken. Die ärztliche Versorgung auf Phuket ist ausgezeichnet. Das beste Krankenhaus der Insel ist das *Bangkok Phuket Hospital (Tel. 076 25 44 21 | www.phukethospital.com)*. Ebenfalls von internationalem Standard ist das *Phuket International Hospital (Tel. 076 25 44 21 | www.phuket-inter-hospital.co.th)*. In beiden gibt es Deutsch sprechendes Personal. Krankenwagen müssen von den Krankenhäusern angefordert werden. Die Zahnarztpraxen sind ebenfalls von hohem Standard und deutlich günstiger als in Deutschland. In Krabi und auf Lanta gibt es nur kleinere Kliniken bzw. Sanitätsstationen.

INTERNET

Phuket-Infos finden Sie auf einer Fülle von Websites. Sehr detailliert: *www.phuketdelight.com*. Viele allgemeine Infos von Hotels bis Nachtleben: *www.phuket.com* und *www.phuket-online.de*. Schöne Auflistung aller Strände: *www.phuket.as*. Top-Wettersite mit Links zu Tidentabellen, Sturmwarnung etc.: *www.phuket-weather.blogspot.com*. Jede Menge Infos auf: *www.phukettourism.org*. Karten auf: *www.phuket-maps.com*. Die neuesten News auf *www.phuketgazette.net*.

PRAKTISCHE HINWEISE

INTERNETCAFÉS & WLAN

Internetcafés gibt es auf Phuket, Lanta, Phi Phi und in Krabi überall. Für 1 Baht/Minute können Sie surfen. Meist deutlich teurer sind die I-Net-PCs in den Hotellobbys. Immer mehr Unterkünfte und auch Lokale bieten Hotspots an. Allerdings ist der drahtlose Netzzugang für Laptopbesitzer nur in wenigen absoluten Tophotels bzw. serviceorientierten Häusern kostenfrei. Die meisten Häuser verlangen für das Passwort Gebühren, die pro Stunde zwischen 20 und 200 Baht schwanken. Zudem reicht die Signalstärke manchmal nicht für alle Zimmer. Hotspotlisten: *www.hotspot-locations.de | www.jiwire.com*

KINDERSCHUTZ

Vor allem am Patong Beach laufen nachts Kinder von Bar zu Bar und verkaufen Zigaretten, Kaugummis, Blumen. Die Kinderschutzorganisation *Childwatch Phuket (www.childwatchphuket.org)* meint dazu: „Je mehr ihnen abgekauft wird, umso sicherer, dass sie bis in den frühen Morgen arbeiten müssen. Egal wie groß die Augen der Kleinen auch sind und wie viel Mitleid Sie haben, es ist besser für die Kinder, ihnen nichts abzukaufen."

KLIMA & REISEZEIT

Die Monate November bis Februar entsprechen einem mitteleuropäischen Traumsommer. Danach wird es bis Mai sehr heiß, nachts kühlt es nur wenig ab. In der Regenzeit (Mai bis Oktober) gehen die Temperaturen leicht zurück. Die regenreichste Zeit dauert von Mitte August bis Mitte Oktober.

MIETWAGEN

Ein Mietwagen eignet sich sehr gut, um die Insel zu erkunden (Jeeps schon für ca. 20 Euro, Aircon-Pkw ab ca. 30 Euro, Rabatte bei längerer Mietzeit). Filialen von Avis *(Tel. 076 35 12 43 | www.avisthailand.com)* und Budget *(Tel. 076 20 53 96 | www.budget.co.th)* am Flughafen und in großen Hotels. Einen guten Ruf hat *Pure Car Rent (Phuket Town | 75 Rasada Rd. | Tel. 076 21 10 02 | www.purecarrent.com)*. Es herrscht Linksverkehr. Ein internationaler Führerschein ist Vorschrift. Alternative zum Selbstfahren ist ein Mietwagen mit Fahrer *(8 Std. | Aufpreis von ca. 13 Euro)*.

WÄHRUNGSRECHNER

€	THB	THB	€
1	40	10	0,25
3	119	50	1,27
5	198	90	2,29
10	396	150	3,81
30	1189	500	12,72
50	1982	1000	25,44
90	3568	5000	127,20
100	3964	10000	254,40
500	19823	20000	508,79

ÖFFENTLICHE VERKEHRSMITTEL

Der öffentliche Nahverkehr hat einen großen Nachteil: Die Busse und überdachten Pick-ups mit Bänken fahren nur von 7 bis ca. 17 Uhr – und das auch nur von den Stränden nach Phuket Town *(in die Ranong Rd., nahe Kreisverkehr)*. Wenn Sie ohne Umweg über die Stadt von einem Strand zum anderen wollen oder nachts unterwegs sind, müssen Sie ein Tuk Tuk chartern – und um den Preis feilschen! Taxis mit Taxameter sind nur am Airport stationiert.

POST

Luftpostbriefe nach Europa bis 10 g kosten 17 Baht, Postkarten 15 Baht. Sie sind normalerweise 5 bis 7 Tage unterwegs. Luftpostpakete (5 kg) kosten etwa 2500 Baht. Das Hauptpostamt ist in Phuket Town *(Montri Rd. | Mo–Fr 8.30–16.30, Sa 9–12 Uhr)*.

PREISE & WÄHRUNG

Der thailändische *Baht* wird in 100 *Satang* unterteilt. Im Umlauf sind Scheine zu 20, 50, 100, 500 und 1000 Baht. Die kleinsten Münzen zu 25 und 50 Satang erhält man fast nur in Supermärkten. Gebräuchlich sind Münzen zu 1, 2, 5 und 10 Baht.

Ein Reisgericht bekommen Sie in einfachen Lokalen schon für ca. 1 Euro. Ein Zwei-Gänge-Menü kostet selten mehr als 6 Euro.

STROM

Stromspannung: 220 Volt. Ältere Steckdosen sind nur für Flachstecker geeignet. Zwischenstecker gibt es in Elektrogeschäften.

TELEFON & HANDY

Vorwahl nach Deutschland 00149, nach Österreich 00143, in die Schweiz 00141, dann die Ortsnetzkennzahl ohne die vorangestellte Null wählen. Vorwahl aus dem Ausland nach Phuket 006676, nach Krabi 006675.

Telefonkarten für öffentliche Telefone gibt es bei der Post/Telecommunication und in vielen Shops. Bessere Hotels haben in den Zimmern IDD-Telefone, über die der Gast direkt ins Ausland anrufen kann. Die Tarife sind aber meist exorbitant hoch.

WETTER AUF PHUKET

	Jan.	Feb.	März	April	Mai	Juni	Juli	Aug.	Sept.	Okt.	Nov.	Dez.
Tagestemperaturen in °C	31	32	33	33	31	31	30	30	30	30	30	31
Nachttemperaturen in °C	22	22	23	24	24	25	24	25	24	24	23	22
Sonnenschein Std./Tag	9	9	8	8	7	6	6	6	6	5	5	7
Niederschlag Tage/Monat	4	4	7	15	20	19	17	18	20	20	15	8
Wassertemperaturen in °C	27	28	29	29	29	29	28	28	28	28	28	27

Ihr Handy wählt sich automatisch ins Netz des thailändischen Partners Ihrer Mobilfunkgesellschaft ein. Erkundigen Sie sich besser vorher, wie hoch die Roaminggebühren sind. Für ankommende Gespräche aus Deutschland müssen Sie den größten Teil der Gebühren selbst bezahlen! Um Kosten zu sparen, sollten Sie die deutsche SIM-Karte durch eine thailändische ersetzen (geht nur, wenn Ihr Handy nicht für andere SIM-Karten gesperrt ist). Die wiederaufladbaren Karten gibt's an jeder Ecke, z.B. in den Shops von 7-Eleven. Anruf nach Deutschland ca. 20 Baht pro Minute. Wenn Sie statt der Vorwahl 00149 die Handy-Billigvorwahlnummer 00949 eintippen, kostet der Anruf nur noch ca. 10 Baht. Kostenlos telefonieren Sie via Internet mit Skype *(www.skype.com/intl/de)*.

TOURISTENPOLIZEI

Notrufnummer landesweit: *Tel. 11 55*. Station in Phuket Town: *100/31-32, Chalermphakeat Rd. (Bypass Rd. Richtung Airport, gegenüber Gems Gallery)* | *http://phuketdir.com/pkt touristpolice*

TRANSKRIPTION

Es gibt keine allgemein gültige Transkription von Thai-Begriffen und -Namen in das lateinische System. Daher werden Sie auf Karten und in Texten unterschiedliche Schreibweisen finden.

TRINKGELD

Viele bessere Restaurants erheben eine *Service Charge* (Bedienungszuschlag) von zehn Prozent. Weiteres Trinkgeld nur, wenn der Service besonders gut war. In Restaurants ohne Service Charge sind zehn Prozent Trinkgeld angemessen. Trinkgeld für Taxifahrer ist nicht üblich.

UNTERKUNFT

In der Spitze der Hauptsaison *(peak season)* von etwa 15. Dezember bis 10. Januar verlangen viele Resorts Zuschläge von 10 bis 20 Prozent. Dafür werden in der Nebensaison (April bis Oktober) oft Preisnachlässe von bis zu 40 Prozent gewährt. Zum Teil erheblich sparen können Sie bei Buchungen via Internet, entweder direkt oder über einen Hotelanbieter. Auf Hotelbuchungen spezialisiert: *www.phuket-hotels.com*. Hotels mit Lageplan auf *www.2phuket.com*. Bewertungen auf *www.tripadvisor.de*, *www.holidaycheck.de* oder *www.hotelzeugnis.de*.

ZEIT

Mitteleuropäische Zeit plus sechs Stunden (in der Sommerzeit plus fünf Stunden).

ZOLL

Devisen über 10000 US-Dollar müssen bei der Einreise deklariert werden. Die Ausfuhr von Buddhastatuen ist verboten, Antiquitäten und Tierprodukte müssen genehmigt werden. Zollfreie Mengen in die EU (die Schweiz): 200 Zigaretten oder 50 Zigarren oder 250 g Tabak, 1 l Alkohol über und 2 l Alkohol unter 22 Prozent (Schweiz 15 Prozent), 50 g Parfüm oder 250 g Eau de Toilette. Die Freigrenze bei Einfuhren von Souvenirs aus Nicht-EU-Ländern beträgt 430 Euro (Schweiz 300 Franken). Näheres unter *www.zoll.de*.

> DO YOU SPEAK ENGLISH?

„Sprichst du Englisch?" Dieser Sprachführer hilft Ihnen, die wichtigsten Wörter und Sätze auf Englisch zu sagen

Aussprache

Zur Erleichterung der Aussprache sind alle englischen Wörter mit einer einfachen Aussprache (in eckigen Klammern) versehen. Folgende Zeichen sind Sonderzeichen:

ə nur angedeutetes „e" wie in bitte
θ [s] gesprochen mit der Zungenspitze zwischen den Zähnen
' die nachfolgende Silbe wird betont

AUF EINEN BLICK

Ja/Nein	Yes [jäs]/No [nəu]
Vielleicht	Perhaps [pə'häps]/Maybe ['mäibih]
Bitte/Danke	Please [plihs]/Thank you ['θänkju]
Gern geschehen.	You're welcome. [joh 'wälkəm]
Entschuldigung!	I'm sorry! [aim 'sori]
Wie bitte?	Pardon? ['pahdn]
Ich verstehe Sie/dich nicht.	I don't understand. [ai dəunt andə'ständ]
Können Sie mir bitte helfen?	Can you help me, please? ['kən ju 'hälp mi plihs]
Guten Morgen!	Good morning! [gud 'mohning]
Guten Abend!	Good evening! [gud 'ihwning]
Guten Tag!	Good morning!/afternoon!/evening! (je nach Tageszeit) [gud 'mohning/ahftə'nuhn/'ihwning]
Hallo! Grüß dich!	Hello! [hə'ləu]/Hi! [hai]
Wie ist Ihr/dein Name?	What's your name? [wots joh 'näim]
Mein Name ist …	My name is … [mai näim is]
Ich komme aus …	I'm from … [aim frəm]
… Deutschland.	… Germany. ['dschöhməni]
… Österreich.	… Austria. ['ohstriə]
… der Schweiz.	… Switzerland. ['switsələnd]
Auf Wiedersehen!	Goodbye! [,gud'bai]/ Bye-bye! [,bai'bai]
Tschüss!	See you! [sih ju]/Bye! [bai]
Hilfe!	Help! [hälp]
Rufen Sie bitte …	Please call … ['plihs 'kohl]
… einen Krankenwagen.	… an ambulance. [ən 'ämbjuləns]
… die Polizei.	… the police. [θə pə'lihs]
Wie viel Uhr ist es?	What time is it? [wot 'taim‿is‿it]
heute/morgen	today [tə'däi]/tomorrow [tə'morəu]

SPRACHFÜHRER ENGLISCH

UNTERWEGS

Bitte, wo ist …	Excuse me, where's … [iks'kjuhs 'mih 'weəs]
… der Bahnhof?	… the station? [θə 'stäischn]
… der Flughafen?	… the airport? [θə 'eəpoht]
… die Haltestelle?	… the stop? [θə stəp]
… der Taxistand?	… the taxi rank? [θə 'täksiränk]
Bus/Fähre/Zug	bus [bas]/ferry ['färi]/train [träin]
Können Sie mir bitte sagen, wie ich nach … komme?	Could you tell me how to get to …, please? ['kud‿ju 'täl me hau tə gät tə … plihs]
Ich möchte … mieten.	I'd like to hire … [aid' laik tə 'haiə]
… ein Auto …	… a car. [ə 'kah]
… ein Fahrrad …	… a bike. [ə 'baik]
… ein Boot …	… a boat. [ə 'bəut]
Wo ist die nächste Tankstelle?	Where's the nearest petrol station? ['weəs θə 'niərist 'pätrəlstäischn]
Ich habe eine Panne.	My car's broken down. [mai 'kahs 'brəukn 'daun]
Gibt es hier in der Nähe eine Werkstatt?	Is there a garage nearby? ['is θeə‿ə 'gärahdsch 'niərbai]
offen/geschlossen	open ['əupn]/closed [kləusd]
drücken/ziehen	push [pusch]/pull [pull]
Eingang/Ausgang	entrance ['äntrəns]/exit ['ägsit]
Wo sind bitte die Toiletten?	Where are the restrooms, please? ['weərə θə restrums plihs]

ESSEN & TRINKEN

Die Speisekarte, bitte.	May I have the menu, please. ['mäi ai häw θə 'mänjuh plihs]
Ich nehme …	I'll have … [ail häw]
Bitte ein Glas …	A glass of …, please [ə 'glahs‿əw … plihs]
Besteck	cutlery ['katləri]
Messer/Gabel/Löffel	knife [naif]/fork ['fohk]/ spoon ['spuhn]
Vorspeise	starter ['stahtə]
Hauptgericht	main course ['mäin 'kohs]
Nachspeise	dessert [di'söht]/sweet [swiht]
Salz/Pfeffer	salt [sohlt]/pepper ['päpə]

scharf	hot [hot]
Ich bin Vegetarier/in.	I'm a vegetarian. [aim a ,wädschi'teərıən]
Trinkgeld	tip [tip]
Die Rechnung, bitte.	May I have the bill, please? ['mäi ai häw θə 'bil plihs]

EINKAUFEN

Wo finde ich …	Where can I find … ['weə 'kən‿ai 'faind]
… eine Apotheke?	… a chemist? [ə 'kämist]
… eine Bäckerei?	… a bakery? [ə bäikəri]
… ein Kaufhaus?	… a department store? [ə di'pahtmənt stoh]
… ein Lebensmittelgeschäft?	… a food store? [ə 'fuhd stoh]
… einen Markt?	… a market? [ə 'mahkit]
Haben Sie …?	Have you got …? ['həw ju got]
Ich möchte …	I'd like … [aid 'laik]
Ein Stück hiervon, bitte.	A piece of this, please. [ə pihs əw θis plihs]
Wie viel kostet es?	How much is it? ['hau 'matsch is it]

> THAI

Für alle Fälle: das Wichtigste in der Landessprache

Kursives (männliche Form) ist bei Bedarf entsprechend durch [...] (weibliche Form) zu ersetzen

Ja./Nein.	*kap [ka]*, tschai/mai tschai	ครับ(ค่ะ) ใช่/ไม่ใช่
Bitte./Danke.	koo ... noi/kop khun *kap [ka]*	ขอ...หน่อย/ขอบคุณครับ(ค่ะ)
Entschuldigung!	koo thoot	ขอโทษ !
Guten Tag!/Guten Abend!	sawadii *kap[ka]*	สวัสดีครับ(ค่ะ)
Auf Wiedersehen!	sawadii	สวัสดี !
Ich heiße ...	tschan dschu ...	ฉันชื่อ ...
Ich komme aus ...	tschan ma dschag ...	ฉันมาจาก ......
... Deutschland.	... pratet Jeraman	ประเทศเยอรมัน
... Österreich./Schweiz.	... pratet Austria/Switzerland	ประเทศออสเตรีย/ประเทศสวิส
Ich verstehe Sie nicht.	tschan mai kautschai khun	ฉันไม่เข้าใจคุณ
Wie viel kostet es?	ni laka taulai	นี่ราคาเท่าไร ?
Bitte, wo ist ...?	koo toot *kap [ka]* ... juu thi nai	ขอโทษครับ(ค่ะ) ... อยู่ที่ไหน ?

1	nüng	หนึ่ง	5	haa	ห้า	9	gau	เก้า
2	soong	สอง	6	hok	หก	10	sip	สิบ
3	saam	สาม	7	dschet	เจ็ด	20	jii sip	ยี่สิบ
4	sii	สี่	8	bäät	แปด	100	nüng loi	หนึ่งร้อย

SPRACHFÜHRER

Nehmen Sie Kreditkarten?	Do you take credit cards? [du‿ju täik 'kräditkahds]

ÜBERNACHTEN

Ich habe bei Ihnen ein Zimmer reserviert.	I've reserved a room. [aiw ri'söhwd‿ə 'ruhm]
Haben Sie noch Zimmer frei?	Have you got any vacancies? [həw ju got‿,äni 'wäikənsis]
ein Einzelzimmer	a single room [ə 'singl ruhm]
ein Doppelzimmer	a double room [ə 'dabl ruhm]
mit Dusche/Bad	with a shower/bath [wiθ ə 'schauə/'bahθ]
Was kostet das Zimmer?	How much is the room? ['hau 'matsch is θə ruhm]
Frühstück	breakfast ['bräkfəst]
Halbpension/Vollpension	half board ['hahf' bohd]/ full board ['ful bohd]

PRAKTISCHE INFORMATIONEN

Können Sie mir einen Arzt empfehlen?	Can you recommend a doctor? [kən ju ,räkə'mänd ə 'doktə]
Ich habe hier Schmerzen.	I've got pain here. [aiw got päin 'hiə]
Ich habe Durchfall.	I've got diarrhoea. [aiw got daiə'riə]
Kinderarzt	pediatrician [,pihdiə'trischn]
Zahnarzt	dentist ['däntist]
Eine Briefmarke, bitte.	One stamp, please. [wan stämp 'plihs]
Postkarte	postcard [pəuskahd]
Wo ist bitte …	Where's … , please? ['weəs … plihs]
… die nächste Bank?	… the nearest bank … [θə 'niərist 'bänk]
… der nächste Geldautomat?	… the nearest cashpoint … [θə 'niərist 'käschpoint]

ZAHLEN

1	one [wan]
2	two [tuh]
3	three [θrih]
4	four [foh]
5	five [faiw]
6	six [siks]
7	seven ['säwn]
8	eight [äit]
9	nine [nain]
10	ten [tän]
11	eleven [i'läwn]
12	twelve [twälw]
20	twenty ['twänti]
50	fifty ['fifti]
100	a (one) hundred [ə ('wan) 'handrəd]
200	two hundred ['tuh 'handrəd]
500	five hundred ['faiw 'handrəd]
1000	a (one) thousand [ə ('wan) 'θausənd]
1/2	a half [ə 'hahf]
1/4	a (one) quarter [ə ('wan) 'kwohtə]

Karon Beach

> UNTERWEGS AUF PHUKET

Die Seiteneinteilung für den Reiseatlas finden Sie auf dem hinteren Umschlag dieses Reiseführers

REISE ATLAS

A
B
C
1
2
3
4
5
6
Tha Nun Beach
Chong Pak Phra
Sarasin Bridge
Tha Nun
Tha Yai
Thepkrasattri Bridge
Khlong Nai Yong
Tha Taling Chan
Tha Rua
Tha Chat Chai
Saikaew Beach
Sirinat Visitor Center
Khlong Tha Nun
Ko Raet
Laem Hin
Ko Ka
Tho
Tha Chat Chai
Ao To Nong
Laem Hin
Khlong Ban Yit
The Yacht Haven Phuket
Suan Maphrao
Yit
Anantara
Marriott
Sala
Sirinath Marine National Park
Kho Aien
Laem Khlong Len
Ao Tu Khun
Ao To Khun
Khlong Suan Maphrao
Khao Kho En
202
Kho En
Andaman Sea
Khao Ban Bang Duk
267
Ko Nok
Ko Kala
Mai Khao
Mai Khao Beach
Mai Khao
Mak Prok
Waterpark
West Sand
Phuket International Airport
Ao Tha Maphrao
Laem
Khao Bo Sai
Bo Sai
Laem S
National Park Headquarters & Visitor's Center
Khao Na Ban
Nai Yang Beach
Nai Yang
Khlong Tha Maphrao
Tha Maphrao
Ao Thung Nung
Tha Ma
Laem Sai
Indigo Pearl
Royal Forestry Guest House
Sakhu
Muang Mai
Pa Khlong Chip
Laem Sai Khru
Khao Sai Khru
335
Trok Muang
Khao Ta Kliang
228
Pa Khlong Chip
Pru Som Pan
Amphoe Thalang
Ao Muang Thon Noi
Nai Thon Beach Resort
Khao Muang
307
Nai Thon Beach
Nai Thon
Nai Yang National Park
Khlong Riang
Na Nai
Ao Hin Kruai
Riang
Khlong Thalang
Hinkuay Beach
Laem Son
Khuan
Trisara
Wat Phra Thong
Khao Phra Thaeo National Park
Laem To
Layan Beach
Ko Tha
156
Kien
Kanaen
Kanaen
Khok Tanot
Thalang
Khlong Ton Sai
Royal Forestry Guest House
Wat Phra Nang Sang
2 km
Choeng Thale
Bang Don
Ao Le Pha
Khlong Kala
Wat Thepkrasattri
Li Phuan
Ko Kaeo
Bang
402
4026
4027
4031
17
7
45

112

D
E
F
Thong Lang
280
Ko Phrao
Khlong Sai
Khlong Ti Te
Khlong Sai
1
Ti Te
Ao Phang Nga
Khlong Khian
Ao Yan Saba
Ao Phang Nga
Ko Nok Nai
Ton Mamuang
251
Khlong Chao Khrua
2
Laem Riang
Ko Klang
Laem Thong
Ao Man
Chao Khrua
Ko Phak Wan
Ao Som
152
Laem Chao Khrua
Laem Som
Laem Sam
Ko Lawa Noi
Ko Phae
3
Laem Sam
Ko Lawa Yai
Laem Sai
Ko Pa Yu
Ko Ngam
Laem Khat
Ko He
Ko Thanan
4
Ao Kung
Khao Sam Laem
208
Ao Kung
Ao Po
Phara
Ao Kung
Khlong Ao Kung
Laem Yang
Phara
Ao Po
Khlong Bang Nao
Ko Raet
Ko Nakha Yai
5
82
Ao Po Garden
Ao Po
448
Bang Rong
Khlong Bang Rong
Ko Nakha Yai
Khao Bang Bae
Bang Rong
Bang Bae Waterfall
Laem Ao Po
Nakha Yai Island Resort
Khlong Bang Bae
1
Nakha Pearl Farm
1
Ko Nakha Noi
6
Pa Khlok
Pa Khlok
Ao Bang Rong
Khlong Pak Khrok
Ko Yao Noi
113
Ko Phae

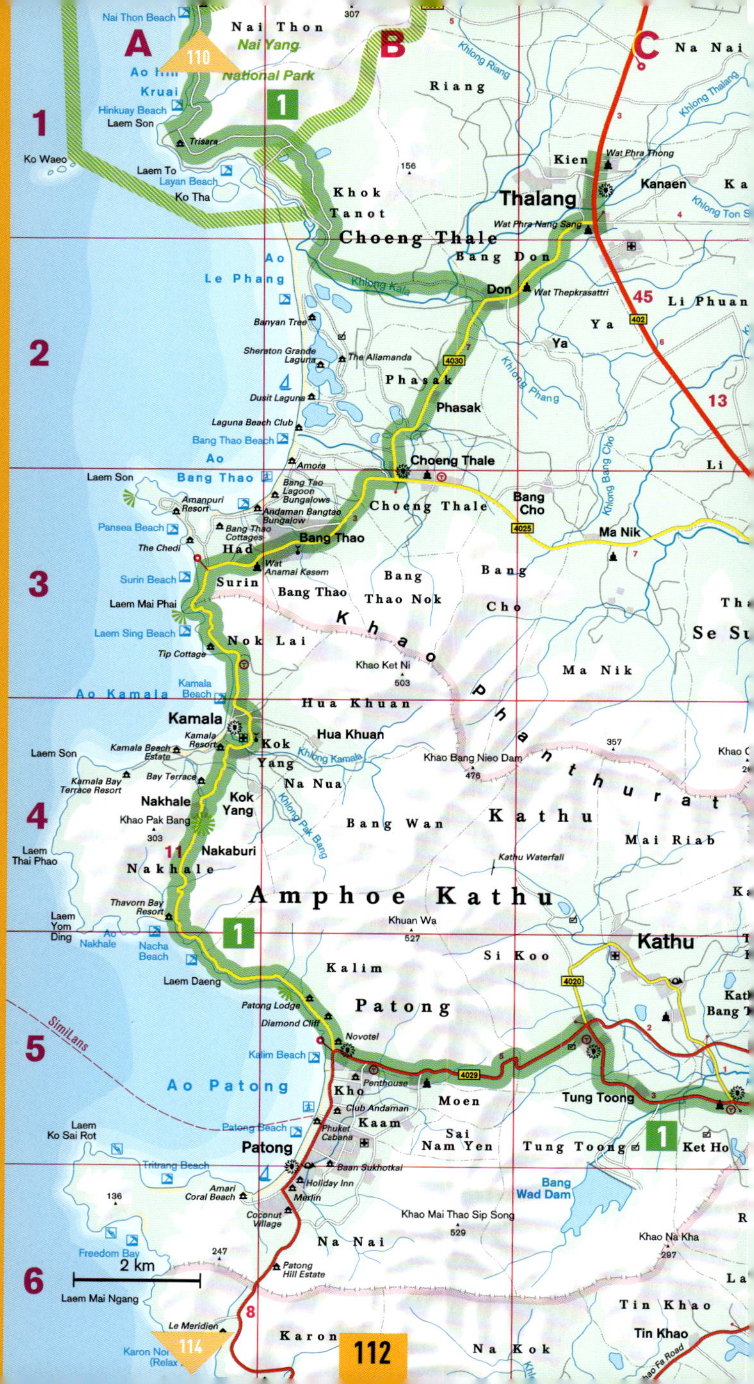

A
B
C
1
2
3
4
5
6
110
114
112
Nai Thon Beach
Nai Thon
Nai Yang
National Park
Ao Hin Kruai
Hinkuay Beach
Laem Son
Trisara
Ko Waeo
Laem To
Layan Beach
Ko Tha
Riang
Khlong Riang
Na Nai
Khlong Thalang
Kien
Wat Phra Thong
Kanaen
Thalang
Khlong Ton Sai
Khok Tanot
Choeng Thale
Bang Don
Wat Phra Nang Sang
Don
Wat Thepkrasattri
Khlong Kala
Li Phuan
Ya
Ao Le Phang
Banyan Tree
Sheraton Grande Laguna
The Allamanda
Dusit Laguna
Laguna Beach Club
Bang Thao Beach
Phasak
Khlong Phang
Khlong Bang Cho
Amora
Ao Bang Thao
Laem Son
Amanpuri Resort
Bang Tao Lagoon Bungalows
Andaman Bangtao Bungalow
Pansea Beach
Bang Thao Cottages
Bang Thao
Bang Cho
Ma Nik
The Chedi
Had Surin
Wat Anamai Kasem
Surin Beach
Bang Thao Nok
Laem Mai Phai
Laem Sing Beach
Nok Lai
Khao Phanthurat
Tip Cottage
Khao Ket Ni
503
Kamala Beach
Ao Kamala
Hua Khuan
Kamala
Kamala Resort
Kok Yang
Khlong Kamala
Khao Bang Nieo Dam
476
357
Laem Son
Kamala Beach Estate
Kamala Bay Terrace Resort
Bay Terrace
Na Nua
Nakhale
Khao Pak Bang
303
Khlong Pak Bang
Bang Wan
Kathu
Mai Riab
Laem Thai Phao
Nakaburi
Kathu Waterfall
Thavorn Bay Resort
Amphoe Kathu
Laem Yom Ding
Ao Nakhale
Nacha Beach
Khuan Wa
527
Si Koo
Laem Daeng
Kalim
Patong Lodge
Diamond Cliff
Patong
SimiLans
Novotel
Kalim Beach
Penthouse
Ao Patong
Kho Moen
Tung Toong
Club Andaman
Laem Ko Sai Rot
Patong Beach
Phuket Cabana
Kaam
Sai Nam Yen
Ket Ho
Patong
Tritrang Beach
Baan Sukhotkai
Holiday Inn
Merlin
Amari Coral Beach
Bang Wad Dam
136
Coconut Village
Khao Mai Thao Sip Song
529
Na Nai
Khao Na Kha
297
Freedom Bay
247
2 km
Patong Hill Estate
Laem Mai Ngang
Tin Khao
Le Meridien
Karon Noi (Relax
Karon
Na Kok
Tin Khao
Bang Cho
Ma Nik
Se Su
307
156
402
4030
4025
4020
4029
45
13
11
8

D
E
F
1
2
3
4
5
6
111
115
Khuan
Khao Bang Bae
Bang Rong
Bang Rong
Bang Bae Waterfall
Khlong Bang Rong
Ao Po Garden
Laem Ao Po
Khlong Bang Bae
Tone Sai Waterfall
National Park Headquarters
Pa Khlok
Pa Khlok
Khao Prathiu
366
Ao Bang Rong
Nakha Pearl Farm
Li Phuan
Bang Kok
Khlong Pak Khrok
Pa Khlok
Ko Phae
4027
Phak Chit
Khlong Phak Chit
Phak Chit
Khlong Bang Sai
Yamu
Yamu
Bang La
Ko Yamu
Phuket Sea
Bang La
Laem Yamu
Heroines Monument
Thalang National Museum
Ao Yamu
Wat Tha Rua
Tha Rua
Khlong Tha Rua
Cheewa Thaicraft Centre
Hua Khuan
Ko Rang Noi
Ko Kaeo
Native Handicraft Centre
80
Ao Sapam
Ko Rang Yai
Country Lodge
Ko Kaeo
Bang Niao
Ko Maphrao Noi
Bang Khu
Laem Hin
Ko Maphrao
Ko Maphrao
164
Ko Maphrao
Khao Phanthurat
325
402
Sapam
Laem Hin
Laem Hin
Thung Ka
Ko Mali
Paniang Taeg
Lak
Gong Sai
Bang Chi Lao
Thung Ka
Laem Nga
Phuket Butterfly Garden & Aquarium
Rad Tha
Khuan Laem Nga
127
Tourist Police
Thai Village & Orchid Garden
Thepkrasattri Road
Tesco Lotus
Kuka
Phuket
Khao Toh Sae
285
Chit Chiao
Tha
Ko Sire
4020
Rang Hill
139
Ruan Mai
Ko Sire
Sire Resort
Town Hall
Merlin
PHUKET
Wat Sire
Khuan Sire
201
Vichit Songkhram Road
Downtown
G.P.O.
Sri Suthat Road
Khlong
Laem Mai Phai
Haeng
Daeng Plaza
King Rama IX Park
T.A.T.
Khlong Tha Chin
Sea Gypsy Village
Ao Sire
Ko Yao Yai
4022
Phuket Road
Ao Phuket
Laem Tukkae
Chalong
Mineral Monument
Laem Tukkae
Laem Phap Pha
Saphan Hin Park
Sakdidej Road
Kuang

A
B
C
1
2
3
4
5
6
112
114
m Son
Kamala Beach Estate
Kamala Bay Terrace Resort
Bay Terrace
Yang
Na Nua
Khlong Kamala
Khao Bang Nieo Dam
476
Khao Che Tra
267
Nakhale
Yang
Khao Pak Bang
303
Khlong Pak Bang
Bang Wan
Kathu
Mai Riab
Nakaburi
Nakhale
Kathu Waterfall
Amphoe Kathu
Kathu
Thavorn Bay Resort
Laem Yom Ding
Ao Nakhale
Nacha Beach
Khuan Wa
527
Si Koo
Kathu
Thala Kath
Kalim
4020
Laem Daeng
Patong Lodge
Patong
Kathu-Bang Thong
Diamond Cliff
Novotel
Similans
Kalim Beach
4029
Ao Patong
Penthouse
Kho
Moen
Tung Toong
Club Andaman
Kaam
Laem Ko Sai Rot
Patong Beach
Phuket Cabana
Sai
Nam Yen
Tung Toong
Ket Ho
Patong
Baan Sukhotkai
Tritrang Beach
Holiday Inn
Bang Wad Dam
Amari Coral Beach
Merlin
136
Coconut Village
Khao Mai Thao Sip Song
529
Na Nai
Khao Na Kha
297
Freedom Bay
247
Patong Hill Estate
Laem
Laem Mai Ngang
Tin Khao
18
8
Tin Khao
Le Meridien
Karon
Na Kok
Chao Fa Road
Karon Noi Beach (Relax Bay)
Khlong Katha
Khao
Laem Khak
Thep Somboon Inn
Felix Karon View Point
Khao Krabok
446
Na Kok
Noi
4021
Ao
Golden Sand Inn
Amphoe Muang
Karon Bungalows
Tin
Wat Chalong
Na Yai
Karon Villa
Bang La
Wat
Soan
Karon Beach
Khao Sai Maen
350
Wat Mai
Karon
Karon
Arcadia
Karon
Khok
Thavorn Palm Beach
Khok Sai
Tanot
Karon Beach Resort
Khok Sai
Big Buddha
Yod Sa Naei
Marina Cottage
Khok
Khao Tut
385
Ao Chalong Bungalows
Laem Sai Village
Chang
Laem Sai
Ao
Club Mediterranee
4028
8
Patak Road
Chalong
Kata Yai
Ko Pu
Kata
Kata Beach Resort
Raya Pacific Resort
Bang
Kata Yai Beach
The Boathouse
Bang Khothi
Friendship Bungalows
Khothi
INDIAN
Kata Delight
Ha Yaek-Bang Khothi
Kata Thani
Kata Noi Riviera
Rawai
Kata Noi Beach
Khao Phlu Ruan
Ao
Kata Noi Club
317
OCEAN
Friendship Bungalows
Sai Yuan
Atlas Resort
Kata Noi
5
4024
Sai Yuan I
Friendship Beach
Kata
Phuket Seashell Museum
Vichid Bungalows
Laem Mum Nai
127
Dreamland
Sai Yuan II
Nai Harn
Ao Mum Nai
Khuan Khiri Manun
Nai Harn Beach Resort
Ao Sane Bungalows
306
Phuket Yacht Club
Rawai
The Evason Resort
Laem Mum Nok
Laem Ka
Khok Makham
Baan Krating
Sane Beach
Sea Gypsy Village
Nai Harn Beach
Ao Mum Nok
Siam Resort
Rawai Beach
Ao Rawai
Nai Harn Noi Beach
2 km
Ko Man
Laem Prom Thep
Laem Mai Phai
View Point
Laem Kho Chao
Laem Prom Thep
Ko Raya (Racha)
Ko Kaeo
Ko Bon
Ko Hay

D
E
F
113
1
2
3
4
5
6
Country Lodge
Sapam
Ko Kaeo
Bang
Niao
Laem Hin
Laem Hin
Laem Hin
Ko Maphrao
Ko Maphrao
184
Ko Maphrao
Ko Mali
Sapam
Lak
Gong Sai
Thung Ka
Bang Chi Lao
402
402
1
8
Rad Tha
Laem Nga
Khuan Laem Nga
127
Thung Ka
Butterfly & Aquarium
Tourist Police
Thai Village & Orchid Garden
Tesco Lotus
Thepkrasattri Road
Kuka
Phuket
Khao Toh Sae
265
Tha
Ko Sire
Chiao
Rang Hill
139
Ruan Mai
Ko Sire
Sire Resort
Town Hall
Merlin
PHUKET
Wat Sire
Khuan Sire
201
Downtown
G.P.O.
Sri Suthat Road
Laem Mai Phai
Songkhram Road
Daeng Plaza
King Rama IX Park
T.A.T.
Khlong Tha Chin
Ao Sire
Ko Yao Yai
Sea Gypsy Village
Laem Tukkae
Ao Phuket
Phuket Road
Laem Tukkae
Mineral Monument
Laem Phap Pha
Saphan Hin Park
Sakdidej Road
Kuang
Bo Raea
Raea
Tung
Ao Tukkae
Ko Kui
4023
10
Wi Chit
Chalong
Ao Nam Bo
Ao Nam Bo
Laem Nam Bo
Khao Bo Rae
172
Ko Taphao Noi
Ko Phi Phi
Ao Makham
Ko Phi Phi
Taphao Yai Resort
Ko Taphao Yai
Ao Makham
Ao Makham
Laem Trong
Laem Phan Wa
Ko Phi Phi Don
Natural Resort
Coral Resort
Sea Gypsy Village
Palm Beach Resort
Laem
Ao Thang Khen
4123
Ko Phi Phi
Ao Yon
Phan Wa
Cape Panwa
Laem Khao Khat
Marine Biological Research Centre & Phuket Aquarium
Ao La Nah
Ko Thanan
Laem Phan Wa
Ao Nui
Island Village
Ao Lo Bakao
Ko Phi Phi
Ko Lone
Cruiser Mart Resort
Ban Ko
Ao Phak Nam
Ko Lone
Ao Lo Dalam
Ao Yong Kasem
View Point Resort
186
Ao Run Ti
Lone
Chong Kao
313
Ban Laem Trong
Gypsy Village
Phi Phi Don Resort
Andaman
Mapraò
Ao Lo Mu Di
Ao Ton Sai
Hin Khom Beach
Paradise Pearl
Long Beach
Long Beach
Laem Poh
Ao Wang Long
Ko Phi Phi Nok
Ko Aeo
116
Ko Hay
Phuket
Krabi

A
B
C
1
2
3
4
5
6
TAKUA PA
Tham Waram
Khao Sok National Park
Thung Biri
Khao Mok
970
Khong Hua Kwang
Khao Wong
Phanom
Pak Khlong Chaun
Bang Sak
Khao Ba
Khao Lak
Khao Lak National Park
Phu
Let Tok
Ko Ka
Kapong
Khao Lam Ru
642
936
996
615
517
678
390
310
Ao Tao
Bang Khram
Khao
Mae Nam Marui
Laem Ao Kham
Lam Ru
Khao Plai Bang To
1022
1050
Plai Hang
Bang Riang
Khao To
430
Chin Lao
Bang Thong
Plai Phraya
Thung Maphrao
Bang Kan
Bang Ba
Nok
Thap Put
Ta Saeng Na
Khuan
Si Phraya
Phru Yai
Khao Kanim
622
Bang Po
Khuan Plai Nam
Pling
PHANG NGA
Bang Siat
Marui
Chai Thung
Yuan Nua
Pa Lao
Khlong III
Lam Pi
Lam Pi Waterfall
Khao Lam Pi National Park
601
Tham Sawan
Khuha
Ton Din Nok
Chap Phrae
Khok Khrai
Ao Luk Nua
Klang
Khao Noi
Thai Muang
Khai
Bang Sai
Takua Thung
Ko Khiam Nua I
Ao Luk
Tham Hua Kalok
Tham Lod
Tham Phet Cave
Wang Thang
Suan Phrik
475
Khao Po
Ao Nam
Khlong Raet
Nua Khlong
Bo Dan
574
Chiangmai
Ao
Ko Mak Noi
Ko Ra Ya Ring
Ba Kan
Khao Phanom Bencha National Park
Tha Yu
Khok Kloi
Lo Yung
Chong Khap
Khlong Thom
Phang Nga
Laem Sak
Ko Chong Lat Tai
Khlong Hin
Tha Khaek
Nai Yong
Thong Lang
Ko Hat Na Ka Ya
Ao Luk
Nai Nang
325
Thung
Phai Lan
Sarasin Bridge
Thaothep Kasetri Bridge
Ko Phanak
Ko Yao Noi
Khao Thong Tai
Thong Tai
Tha Chat Chai
Nai Yang
Ao Tu Khun
Ba Kan
Khlong Khian
223
Sai Tho
Laem Tho
Tha Dan
Mai Khao Beach
Laem Sai
Ko Boi Yai
Klang
Nai Rai
Ban Chong Phli
Ban
Nai Yang Beach
Laem Khat
Nai Khlong
Pa Sai
Khuan Sai
National Park
Sakhu
Muang Mai
Ti Kut
Khlong Hia II
Ko Kwang
498
Laem Son
450
Ao Po
Ko Nakha Yai
Khao Chong Lat
Botanical Gardens
Krabi
Thalang
Wat Phra Tong
Bang Rong
347
Khlong Muang Beach
353
Choeng Thale
Phuket
Lo Po Noi
Ko Yao Yai
Laem Hang Nak
Ao Nang
Phra Nang Cave
Bang Thao
Tha Rua
Lo Ta Ret
Kamala Beach
Kathu Waterfall
Ko Kaeo
Sea
Phru Chaet
341
Kamala
Laem Hin
164
Ko Maphrao
Lo Chak
303
Kathu
Ko Yao
Patong Beach
Patong
PHUKET
Similans
Laem Ko Sai Rot
Tung Toong
Wat Sire
Sea Gypsy Village
Laem Hua Han
Sea
Karon Beach
Wat Chalong
Karon
Ao Makham
Kata
Bang Khothi
Laem Phan Wa
Ko Yung
Ko Mai Phai
Kata Noi Beach
Marine Biological Research Centre & Phuket Aquarium
266
Sea Gypsy Village
Nai Harn
Rawai
Ko Lone
Ko Phi Phi Don
Nai Harn Beach
Ko Aeo
Ko Mai Thon
Rawai Beach
Ko Hay
Ban Laem Trong
313
Ko Phi Phi Le
Andaman Sea
Ko Raya Yai
275
10 km
Ko Raya Noi
4
401
4032
4175
4090
4240
415
4118
4197
4035
4039
402
4025
4033
4034
80
81
41
53
85

D
E
F
1
2
3
4
5
6
Khao Yai
1438
Khian Sa
230
273
BAN
NA SAN
342
Khao Nan Mia
1530
Pian
4188
Mae Nam Ta Pi
Tha Chi
4009
Muang
Thuat
Phuang
Phrom Khon
Mo Ket
Phru Phri
Khao Plai
Khun Thun
1366
842
4133
Khlong
Sieo
41
Wiang Sa
990
Huai Thon
Tha
202
Sai Khrop
4009
4015
Thun
4189
4035
Yan Khian
Phrasaeng
Na Wae
Phipun
Khlong Ipan
Kan La
Phra Wong
Trom
4104
4194
Sai Ra
4037
1550
Dong Tau
4110
338
Na Yai
CHAWANG
Lan
Khwai
Sai Mut
Khlong Sin Pun
4195
Lum Kla
4015
Khao Phanom
Khao
Wang Hip
1235
Thung Yai
Chong Lom
Na Bon
Khao Phanom
Bencha
Ko
Prang
Na Lum
4156
Thung Pru
479
Bang
Luang
4110
411
41
THUNG
SONG
494
4037
Khao Sam
Chom
754
4214
398
Wat Wang
Khri
Tha
Khanun
Phru
Toei
Chai
Khlong
Nua
Khlong
Bang
Phung
4
Huai
Thap
4038
Lam Thap
4151
Lam Nao
403
Pa Mut
4151
Kapang
Khlong
Yuan
Liknai
Khuan
Bang
Khram
522
Nong Hat
40
4036
607
Lam
Chang
Khlong
Wai Lek
Khlong Thom
Khlong Thom
659
Wang Hin
Wang Lam
Laem Kruat
Nam Ron
Nong
Prue
Ko Pu
197
Khao Khrop
445
Huai Nang
395
Khlong
Pring
600
534
Khuan
Na Pho
273
Huai Sai Khao
479
Tha Pradu
HUAI
YOT
Khok
Yung
109
Khlong
Phon
Na To Mun
4
810
Tha
Maphrao
4
Tong I U
Nam Phrai
Ra Mat
4042
284
27
Khao Ma Hit
410
Khlong
Teng
4123
280
Bang Suat
Bo Moang
Lang Khao
4158
Mae Nam Trang
Na Yao
Ban Sala Dan
Pak Lat
298
4159
Phlu
Nang
Thung
403
Ko Lanta Noi
4046
287
Sikao
TRANG
4
Khok Yang
Tot Chot
108
4078
Khuan
Pling
489
Ko Lanta
Ko Lanta Yai
403
Thung
Khai
Pa Maptrao

KARTENLEGENDE

Highway
Fernverkehrsstraße
Grande route de transit
Strada di transito

Main road
Hauptstraße
Route principale
Strada principale

Secondary road
Nebenstraße
Route secondaire
Strada secondaria

Carriage way, Path
Fahrweg, Pfad
Chemin carrosable, Sentier
Strada carrozzabile, Sentiero

Petrol station
Tankstelle
Station essence
Stazione di rifornimento

Distance in km
Entfernung in km
Distance en km
Distanze in km

County boundary
Bezirksgrenze
Frontière de province
Confine di provincia

Parish boundary
Gemeindegrenze
Front. de commune
Conf. di municipio

Airport
Flughafen
Aéroport
Aeroporto

Information
Information
Informations
Informazione

Buddhist temple
Buddha-Tempel
Temple bouddhique
Tempio buddista

Chinese temple
Chinesischer Tempel
Temple chinois
Tempio cinese

Mosque
Moschee
Mosquée
Moschea

Church
Kirche
Église
Chiesa

Monument
Denkmal
Monument
Monumento

Post office
Postamt
Poste
Posta

Hospital
Krankenhaus
Hôpital
Ospedale

Police
Polizei
Police
Polizia

Broadcasting station
Funkstation
Station radio
Stazione radio

Waterfall
Wasserfall
Cascade
Cascata

Golf
Golf
Golf
Golf

Harbour
Hafen
Port
Porto

Point of interest
Sehenswürdigkeit
Curiosité
Curiosità

Hotel
Hotel
Hôtel
Albergo

Beach
Strand
Plage
Spiaggia

Scuba diving
Sporttauchen
Sous-marine plongée
Sport subaqueo

Waterskiing
Wasserski
Ski nautique
Sci nautico

Yachting
Segelsport
Centre de voile
Sport velico

View point
Aussichtspunkt
Vue panoramique
Panorama

National park
Nationalpark
Parc national
Parco nazionale

Excursions & tours
Ausflüge & Touren
Excoursions & tours
Gite & escursione

FÜR IHRE NÄCHSTE REISE

gibt es folgende MARCO POLO Titel:

DEUTSCHLAND

Allgäu
Amrum/Föhr
Bayerischer Wald
Berlin
Bodensee
Chiemgau/Berchtesgadener Land
Dresden/Sächsische Schweiz
Düsseldorf
Eifel
Erzgebirge/Vogtland
Franken
Frankfurt
Hamburg
Harz
Heidelberg
Köln
Lausitz/Spreewald/Zittauer Gebirge
Leipzig
Lüneburger Heide/Wendland
Mark Brandenburg
Mecklenburgische Seenplatte
Mosel
München
Nordseeküste Schleswig-Holstein
Oberbayern
Ostfriesische Inseln
Ostfriesland/Nordseeküste Niedersachsen/Helgoland
Ostseeküste Mecklenburg-Vorpommern
Ostseeküste Schleswig-Holstein
Pfalz
Potsdam
Rheingau/Wiesbaden
Rügen/Hiddensee/Stralsund
Ruhrgebiet
Sauerland
Schwäbische Alb
Schwarzwald
Stuttgart
Sylt
Thüringen
Usedom
Weimar

ÖSTERREICH | SCHWEIZ

Berner Oberland/Bern
Kärnten
Österreich
Salzburger Land
Schweiz
Steiermark
Tessin
Tirol
Wien
Zürich

FRANKREICH

Bretagne
Burgund
Côte d'Azur/Monaco
Elsass
Frankreich
Französische Atlantikküste
Korsika
Languedoc-Roussillon
Loire-Tal
Nizza/Antibes/Cannes/Monaco
Normandie
Paris
Provence

ITALIEN | MALTA

Apulien
Capri
Dolomiten
Elba/Toskanischer Archipel
Emilia-Romagna
Florenz
Gardasee
Golf von Neapel
Ischia
Italien
Italienische Adria
Italien Nord
Italien Süd
Kalabrien
Ligurien/Cinque Terre
Mailand/Lombardei
Malta/Gozo
Oberital. Seen
Piemont/Turin
Rom
Sardinien
Sizilien/Liparische Inseln
Südtirol
Toskana
Umbrien
Venedig
Venetien/Friaul

SPANIEN | PORTUGAL

Algarve
Andalusien
Barcelona
Baskenland/Bilbao
Costa Blanca
Costa Brava
Costa del Sol/Granada
Fuerteventura
Gran Canaria
Ibiza/Formentera
Jakobsweg/Spanien
La Gomera/El Hierro
Lanzarote
La Palma
Lissabon
Madeira
Madrid
Mallorca
Menorca
Portugal
Sevilla
Spanien
Teneriffa

NORDEUROPA

Bornholm
Dänemark
Finnland
Island
Kopenhagen
Norwegen
Oslo
Schweden
Stockholm
Südschweden

WESTEUROPA | BENELUX

Amsterdam
Brüssel
Dublin
Edinburgh
England
Flandern
Irland
Kanalinseln
London
Luxemburg
Niederlande
Niederländische Küste
Schottland
Südengland

OSTEUROPA

Baltikum
Budapest
Danzig
Estland
Kaliningrader Gebiet
Krakau
Lettland
Litauen/Kurische Nehrung
Masurische Seen
Moskau
Plattensee
Polen
Polnische Ostseeküste/Danzig
Prag
Riesengebirge
Russland
Slowakei
St. Petersburg
Tallinn
Tschechien
Ukraine
Ungarn
Warschau

SÜDOSTEUROPA

Bulgarien
Bulgarische Schwarzmeerküste
Kroatische Küste/Dalmatien
Kroatische Küste/Istrien/Kvarner
Montenegro
Rumänien
Slowenien

GRIECHENLAND | TÜRKEI | ZYPERN

Athen
Chalkidiki
Griechenland Festland
Griechische Inseln/Ägäis
Istanbul
Korfu
Kos
Kreta
Peloponnes
Rhodos
Samos
Santorin
Türkei
Türkische Südküste
Türkische Westküste
Zakinthos
Zypern

NORDAMERIKA

Alaska
Chicago und die Großen Seen
Florida
Hawaii
Kalifornien
Kanada
Kanada Ost
Kanada West
Las Vegas
Los Angeles
New York
San Francisco
USA
USA Neuengland/Long Island
USA Ost
USA Südstaaten/New Orleans
USA Südwest
USA West
Washington D.C.

MITTEL- UND SÜDAMERIKA

Argentinien
Brasilien
Chile
Costa Rica
Dominikanische Republik
Jamaika
Karibik/Große Antillen
Karibik/Kleine Antillen
Kuba
Mexiko
Peru/Bolivien
Venezuela
Yucatán

AFRIKA | VORDERER ORIENT

Ägypten
Djerba/Südtunesien
Dubai
Israel
Jordanien
Kapstadt/Wine Lands/Garden Route
Kapverdische Inseln
Kenia
Marokko
Namibia
Qatar/Bahrain/Kuwait
Rotes Meer/Sinai
Südafrika
Tansania/Sansibar
Tunesien
Vereinigte Arabische Emirate

ASIEN

Bali/Lombok
Bangkok
China
Hongkong/Macau
Indien
Indien/Der Süden
Japan
Kambodscha
Ko Samui/Ko Phangan
Krabi/Ko Phi Phi/Ko Lanta
Malaysia
Nepal
Peking
Philippinen
Phuket
Rajasthan
Shanghai
Singapur
Sri Lanka
Thailand
Tokio
Vietnam

INDISCHER OZEAN | PAZIFIK

Australien
Malediven
Mauritius
Neuseeland
Seychellen
Südsee

REGISTER

Im Register finden Sie alle im Reiseführer erwähnten Orte, Inseln (Ko), Strände und Buchten, Ausflugsziele und wichtige Sachbegriffe. Halbfette Seitenzahlen verweisen auf den Haupteintrag.

> SCHREIBEN SIE UNS

Liebe Leserin, lieber Leser,

wir setzen alles daran, Ihnen möglichst aktuelle Informationen mit auf die Reise zu geben. Dennoch schleichen sich manchmal Fehler ein – trotz gründlicher Recherche unserer Autoren/innen. Sie haben sicherlich Verständnis, dass der Verlag dafür keine Haftung übernehmen kann.

Wir freuen uns aber, wenn Sie uns schreiben.

Senden Sie Ihre Post an die
MARCO POLO Redaktion,
MAIRDUMONT, Postfach 3151,
73751 Ostfildern,
info@marcopolo.de

IMPRESSUM

Titelbild: Ko Phi Phi (Getty Images/Photographer's Choice: Jean-Marc Truchet)
Fotos: Andaman White Beach Resort (14 o.); Hans Csik (12 o.); © fotolia.com: Yanik Chauvin (89 M.r.), flucas (13 u.), Inna Sidorova (15 o.); Getty Images/Photographer's Choice: Jean-Marc Truchet (1); W. Hahn (2 l., 3 M., 22/23, 35, 50, 57, 64, 122); HB Verlag: Sasse (4 r., 78, 83, 108/109); F. Ihlow (72); © iStockphoto.com: Gordon Dixon (88 o.l.), Arthur Kwiatkowski (89 o.l.), Werner Münzker (88 M.r.), Paul Pegler (12 u.), ShyMan (15 M.); Karona Resort & Spa (14 u.); M. Kirchgessner (29, 80); Laif: Amme (36, 87, 97), Heuer (43), Sasse (6/7, 32, 38, 51, 62/63, 84/85); Mai Khao Marine Turtle Foundation: Ornjaree Nawee (13 o.); H. Mielke (3 l., 8/9, 16/17, 28, 70/71, 90/91, 93); Tai Pan (89 u.r.); Phuket 346: Karanik Yimpat (88 u.l.); Rawai Muay Thai Camp (15 u.); Sripanwa: Amranand Pingkasawat (89 M.l.); O. Stadler (24/25, 30/31, 53, 54/55, 75, 76/77, 94/95); O. Stadler & A. Stubhan (U r., U M., 2 r., 4 l., 5, 11, 18, 19, 21, 22, 26, 27, 45, 46, 56, 59, 67, 68, 119); T. Stankiewicz (U l., 3 r., 41, 48, 60); M. Weigt (23, 28/29)

5., aktualisierte Auflage 2011

© MAIRDUMONT GmbH & Co. KG, Ostfildern

Chefredaktion: Michaela Lienemann (Konzept, Chefin vom Dienst), Marion Zorn (Konzept, Textchefin)
Autor: Wilfried Hahn; Redaktion: Karin Liebe
Programmbetreuung: Silwen Randebrock
Bildredaktion: Gabriele Forst
Szene/24h: wunder media, München;
Kartografie Reiseatlas: © Berndtson & Berndtson GmbH, Fürstenfeldbruck
Innengestaltung: Zum goldenen Hirschen, Hamburg; Titel/S. 1–3: Factor Product, München
Sprachführer: in Zusammenarbeit mit Ernst Klett Sprachen GmbH, Stuttgart,
Redaktion PONS Wörterbücher

Das Werk einschließlich aller seiner Teile ist urheberrechtlich geschützt. Jede urheberrechtsrelevante Verwertung ist ohne Zustimmung des Verlages unzulässig und strafbar. Das gilt insbesondere für Vervielfältigungen, Übersetzungen, Nachahmungen, Mikroverfilmungen und die Einspeicherung und Verarbeitung in elektronischen Systemen.

Printed in Hungary. Gedruckt auf 100% chlorfrei gebleichtem Papier

> UNSER AUTOR

MARCO POLO Insider Wilfried Hahn im Interview

Der Journalist Wilfried Hahn lebt im Winter auf Phuket. Er schreibt für MARCO POLO auch die Reiseführer Thailand, Ko Samui, Krabi und Bangkok.

Wie war Ihre erste Reise nach Phuket?

1978 fuhr ich zum ersten Mal nach Thailand. Ich wollte von Bangkok nach Süden ans Meer. Ich fragte herum und erfuhr von einem Strand auf Phuket, der hippiemäßig sein sollte. Das hörte sich gut an. Ich fuhr hin – und so war er damals auch noch, der Nai Harn Beach.

Und seitdem fahren Sie immer wieder hierher?

Ich verbringe seitdem jedes Winterhalbjahr in Thailand und reise dort im ganzen Land herum. Nach Phuket komme ich immer wieder zurück, für insgesamt gut zwei Monate im Jahr.

Haben Sie sich an das Klima gewöhnt?

An das thailändische Klima schon. Nur an das deutsche im Winter werde ich mich nie gewöhnen.

Was gefällt Ihnen an Phuket?

Was mir überall im Land gefällt: die easy going Thais. Die Menschen hier sind einfach relaxt und keine Problemerfinder wie hierzulande. Nehmen Sie den Tsunami. Wie die Thais damit umgegangen sind, war bewundernswert. Und natürlich ist die Vielfalt der Strände in Südthailand einfach unschlagbar. Alles da: von Robinson bis Rummel.

Wird das nicht irgendwann langweilig? Immer nur Strand, Strand, Strand?

Mir wird es nie langweilig. Ich kann mit wachsender Begeisterung stundenlang aufs Meer schauen. Oder ich ziehe im Trubel um die Häuser. Oder ich höre in die Stille und schaue, wie über mir der Weißkopfseeadler kreist.

Was machen Sie sonst noch?

Ich habe von den Thais gelernt, dass man am besten unbekümmert in den Tag hinein lebt. Und das tue ich. Ansonsten schwimme ich gern lange Strecken von Bucht zu Bucht.

Sprechen Sie Thai?

Im Laufe der Jahre habe ich so viel gelernt, dass ich mich verständigen kann. Scherzen kann ich mit den Thais ganz gut. Das öffnet Türen. Und Herzen.

Gibt es etwas, das Sie auf Phuket stört?

Hotels, die ihre Gäste zur Teilnahme an überteuerten Weihnachts- und Neujahrsessen zwingen. Und Touristen, die ohne Hemd in der Stadt herumlaufen.

Was mögen Sie an der Küche hier?

Dass sie so richtig schön scharf ist. Und dass es immer und überall viel frischen Fisch gibt.

10 € GUTSCHEIN für Ihr persönliches Fotobuch*!

Gilt aus rechtlichen Gründen nur bei Kauf des Reiseführers in Deutschland und der Schweiz

SO GEHT'S: Einfach auf www.marcopolo.de/fotoservice/gutschein gehen, Wunsch-Fotobuch mit den eigenen Bildern gestalten, Bestellung abschicken und dabei Ihren Gutschein mit persönlichem Code einlösen.

Ihr persönlicher Gutschein-Code: mphgs2zp4t

Zum Beispiel das MARCO POLO FUN A5 Fotobuch für 7,49 €.

* Dies ist ein spezielles Angebot der fotokasten GmbH. Der Gutschein ist einmal pro Haushalt/Person einlösbar. Dieser Gutschein gilt nicht in Verbindung mit weiteren Gutscheinaktionen. Eine Barauszahlung ist nicht möglich. Gültig bis 31.12.2015. Der Gutschein kann auf www.marcopolo.de/fotoservice/gutschein auf alle Angebote und Versandkosten (Deutschland 4,95 €, Schweiz 9,95 €) der fotokasten GmbH angerechnet werden. powered by fotokasten

www.marcopolo.de/fotoservice/gutschein

> BLOSS NICHT!

Worauf Sie achten sollten, um Schwierigkeiten zu vermeiden

Die Sonne unterschätzen

Auf den Fähren zu vorgelagerten Inseln bevorzugen viele Urlauber einen Platz an der Sonne, an Deck. Die Aussicht ist besser, der Fahrtwind bläst einem kühl um die Nase. Dabei merken sie gar nicht, dass hier die Sonne genauso sticht wie am Strand – und kommen mit einem gehörigen Sonnenbrand an. Also: Auch an Deck sollten Sie sich eincremen. Oder noch besser: die Haut ganz vor der Sonne schützen.

Motorrad fahren ohne Helm

Motorradfahrer und ihre Mitfahrer müssen Helme tragen. Zwar sehen Sie häufig drei oder vier Einheimische auf einem Motorrad und ohne Helm, aber Touristen sollten diesem Beispiel nicht nacheifern. Bei den häufigen Kontrollen hilft ein Verweis auf die helmlosen Einheimischen wenig. Im Schnitt verunglückt jeden Tag ein Fahrer tödlich. Auch Touristen sind regelmäßig unter den Opfern. Achtung: Für Motorräder gibt es nur eine Haftpflichtversicherung, die gegnerische Personenschäden bis 15000 Baht deckt.

Vor Hunden wegrennen

Streunende Hunde sehen Sie oft auf Phuket. Tagsüber sind sie sanftmütig, aber nachts und im Rudel können sie zur Plage werden. Rennen Sie auf keinen Fall davon. Gehen Sie stetig, aber ohne Hast weiter. Ein Trick, der fast immer funktioniert: Bücken Sie sich kurz, als ob Sie einen Stein aufheben wollten. Damit halten Sie die Hunde auf Distanz.

Von Skootern verführen lassen

Mit den Flitzern kann man übers Meer brettern, aber auch Schwimmer erschrecken, Schnorchler schwer verletzen oder Strandbesucher durch das Kettensägengeheul belästigen. Skooter sind nur auf Phuket an den Stränden von Bang Tao, Karon, Kata und Patong erlaubt. Wenn Sie mit solch einem Gefährt zu einem anderen Strand düsen, kann Ihnen das einen Strafzettel einbringen.

Sich zu sicher fühlen

Südthailand ist im Allgemeinen ein sicheres Reiseziel, aber einige Vorsichtsregeln müssen doch beachtet werden. Frauen sollten nicht allein am einsamen Strand spazieren gehen oder trampen. Auf nachts wenig befahrenen Straßen in Phukets Touristenbezirken sollten Sie ebenfalls Vorsicht walten lassen – ausländische Mopedfahrer wurden Opfer von Raubüberfällen.
Wer in den Bars seine dicke Brieftasche zeigt, weckt wie überall in der Welt Begierden. Einladungen zu Trinkgelagen mit Einheimischen sollten Sie freundlich ablehnen oder sich nach einem Höflichkeitsschluck entfernen. Denn bei alkoholisierten Thais kann aufgestauter Frust sich explosionsartig entladen. Und meist merken Sie überhaupt nicht, was an Ihrem Verhalten der auslösende Funke war.